MÉMOIRE DE RÉPLIQUE

PRÉSENTÉ PAR LE

GOUVERNEMENT DE LA RÉPUBLIQUE FRANÇAISE

DANS LE LITIGE RELATIF À LA SOUVERAINETÉ

DE L'ÎLE CLIPPERTON

SOUMIS À LA DÉCISION ARBITRALE

DE

SA MAJESTÉ VICTOR-EMMANUEL III

ROI D'ITALIE

EN EXÉCUTION

DE LA CONVENTION ENTRE LA FRANCE ET LE MEXIQUE

DU 2 MARS 1909

PARIS

IMPRIMERIE NATIONALE

MDCCCCXIII

AFFAIRE DE L'ÎLE CLIPPERTON

MÉMOIRE DE RÉPLIQUE

PRÉSENTÉ PAR LE

GOUVERNEMENT DE LA RÉPUBLIQUE FRANÇAISE

MÉMOIRE DE RÉPLIQUE

PRÉSENTÉ PAR LE

GOUVERNEMENT DE LA RÉPUBLIQUE FRANÇAISE

DANS LE LITIGE RELATIF À LA SOUVERAINETÉ

DE L'ÎLE CLIPPERTON

SOUMIS À LA DÉCISION ARBITRALE

DE

SA MAJESTÉ VICTOR-EMMANUEL III

ROI D'ITALIE

EN EXÉCUTION

DE LA CONVENTION ENTRE LA FRANCE ET LE MEXIQUE

DU 2 MARS 1909

PARIS

IMPRIMERIE NATIONALE

MDCCCCXIII

TABLE DES MATIÈRES.

PIÈCES JUSTIFICATIVES.

AFFAIRE DE L'ÎLE CLIPPERTON.

MÉMOIRE DE RÉPLIQUE

PRÉSENTÉ PAR LE

GOUVERNEMENT DE LA RÉPUBLIQUE FRANÇAISE.

INTRODUCTION.

Conformément à l'article II du *Pro Memoria* annexé à la lettre du Ministre des Affaires Étrangères d'Italie du 3o Octobre 1909 (Mémoire Défensif Français, p. 269)[1], le Gouvernement de la République Française a l'honneur de soumettre au Haut Arbitre le présent Mémoire de Réplique, à l'effet de discuter et de réfuter le Mémoire Défensif du Gouvernement des États-Unis du Mexique, dans le litige relatif à la souveraineté de l'île Clipperton[2].

---

[1] Les Mémoires Défensifs Français et Mexicain ayant été échangés le 9 Mai 1912, ce Mémoire de Réplique aurait dû, aux termes dudit *Pro Memoria*, être déposé le 9 Novembre suivant. Toutefois, par suite des retards qui se sont produits dans la remise au Gouvernement Français par le Gouvernement Mexicain de certains des Documents annexés à son Mémoire Défensif, le terme précité a été reporté au 9 Février 1913.

[2] Au fascicule constituant le Mémoire Mexicain propre, est jointe une collection de 38 *Documents*, sous forme de pièces séparées et sans pagination d'ensemble. Le foliotage des deux séries de ces Documents, dont est en possession le Gouvernement Français, étant différent, on ne pourra, lorsqu'il y aura lieu de se référer à l'une de ces annexes, que donner son numéro d'ordre, sans indiquer de page. Dans un intérêt de brièveté, on désignera, au cours du présent Mémoire de Réplique, le Mémoire Défensif Mexicain par les lettres M. M., les Documents par M. M., *Documents*, et le Mémoire Défensif Français par les lettres M. F.

Le Mémoire Mexicain se divise en cinq Chapitres intitulés et paginés comme suit [1] :

I. Exposé des Faits (M. M., pp. 3 à 7);

II. Thèses sur lesquelles se fonde le droit du Mexique à la souveraineté de l'île Clipperton (M. M., pp. 9 à 10);

III. Première Thèse. L'île Clipperton, en 1858, faisait partie du territoire mexicain (M. M., pp. 11 à 24);

IV. Deuxième Thèse. A supposer que l'île ne fît pas partie du territoire mexicain, la déclaration de prise de possession de la France en 1858 n'a pas suffi à en changer la condition juridique de *res nullius;* le Mexique pouvait en conséquence l'occuper valablement, comme il l'a fait, en 1897 (M. M., pp. 25 à 54);

V. Troisième Thèse. A supposer que la France ait acquis en 1858 le droit d'occuper l'île Clipperton, ce droit ne serait pas opposable au Mexique et en tout cas se serait éteint par le non-usage (M. M., pp. 56 à 59);

VI. Conclusions (M. M., pp. 60 à 62).

C'est sous ces titres, et dans l'ordre de ces Chapitres qui correspond, d'ailleurs, à celui du Mémoire Défensif Français, que sera abordée et poursuivie, dans le présent Mémoire de Réplique, la réfutation du Mémoire Défensif Mexicain.

On a pu, du reste, se rendre compte, par la lecture de leur énoncé, que les Thèses opposées au Gouvernement Français ne sont, en somme, que la reproduction des allégations déjà avancées, du côté Mexicain, dans la lettre de M. Mariscal à M. Boulard-Pouqueville du 30 Septembre 1898, et dans l'article du *Diario Oficial* du 2 Juillet 1906 (M. F., pp. 41 et 49).

---

[1] Le Mémoire Mexicain étant établi en langue italienne, et les Documents, en langue espagnole, on a traduit en Français les citations qui en sont données au cours de ce Mémoire de Réplique.

Or, ces propositions ont été, dans le Mémoire Défensif Français, l'objet d'un examen approfondi. Aussi l'occasion de s'y référer se présentera-t-elle fréquemment, et ce Mémoire de Réplique ne sera souvent que le rappel ou le complément d'une discussion ou d'une démonstration antérieures.

I

«EXPOSÈ DES FAITS» MEXICAIN [1].
EXAMEN ET DISCUSSION.

L'*Exposé des Faits* du Mémoire Mexicain indique, à son début, les motifs qui amenèrent l'envoi de la canonnière *Demócrata* à Clipperton et donne le sommaire de cette expédition; il entre ensuite (pp. 4, 5 et 6) dans l'historique des arrangements pris successivement pour l'exploitation des guanos de l'île, en 1898, avec la «Pacific Islands Company», cessionnaire de l'«Oceanic Phosphate Company», puis, en 1905, avec la «Phosphate Pacific Company». Un second paragraphe vise les réclamations du Gouvernement Français et les négociations qui ont abouti au Compromis du 2 Mars 1909 (pp. 6 et 7).

Tel qu'il est présenté, le début de l'*Exposé des Faits* laisserait l'impression que le Mexique a simplement procédé, à Clipperton, à la gestion d'une partie incontestée de son domaine. Dans cette entrée en matière du Mémoire Mexicain, les réserves de la France disparaissent complètement, et ce n'est qu'après avoir mené son récit de 1897 à 1906 que, dans la seconde partie du Chapitre, la Partie adverse en fait mention dans les termes suivants :

«Quelques mois après l'occupation de l'île par les «forces armées du Mexique et l'entente avec la «Pa-

[1] M. M., pp. 3 à 7.

« cific », le Gouvernement Français fit communiquer
« verbalement, par l'intermédiaire de son Chargé
« d'Affaires, au Ministre des Affaires Étrangères du
« Mexique qu'il considérait l'île Clipperton comme
« appartenant à la France » (M. M., p. 6, alinéa 3).

Un peu plus loin, le Mémoire précise et parle d'une lettre
envoyée par la Légation de France le 16 Juin 1898.

Or, comme c'est le 2 Février précédent que le Gouvernement Mexicain avait accepté les propositions de la « Pacific Islands Company » (M. M., p. 5, ligne 17), et que c'est le 18 Avril
suivant que l'accord fut confirmé (*ibid.*, p. 5, ligne 20 et *Documents* Nᵒˢ 8 et 9), on en pourrait conclure que les réserves
françaises ont été tardives.

Mais il en a été, on le sait, tout autrement. La *Demócrata*
avait été à Clipperton du 13 au 15 Décembre 1897 (les copies
publiées au *Diario Oficial*, les 10 et 11 Janvier 1898, du Rapport du Commandant sont datées du 1ᵉʳ Janvier, M.F., p. 359,
ligne 25), et c'est le 8 Janvier que, comme le montre le Mémoire Défensif Français (p. 26), fut faite la première démarche
verbale du Ministre de France auprès du Secrétariat d'État des
Relations Extérieures. Le 18 du même mois, M. Benoit avait
un entretien avec le Ministre des Relations Extérieures lui-
même, qui spécifia que la question de souveraineté restait
réservée (*ibid.*, p. 30). Telle était la situation au moment où le
Gouvernement Mexicain traita avec la « Pacific Islands Company »
(M.F., p. 72, lettres H et I). Il est vrai que la Légation de
France n'avait encore agi que verbalement et à titre officieux.
Mais il a été expliqué dans le Mémoire Défensif Français (pp. 33,
38 et 73, lettre J) pourquoi cette forme et cette voie avaient

été employées. Du reste le Gouvernement Mexicain qui, comme on a pu le voir (M. F., p. 36, 1er alinéa), avait tout d'abord paru vouloir taxer d'insuffisance ces premières communications, semble avoir maintenant renoncé à les critiquer. C'est, en effet, dans les démarches *verbales* de la Légation à Mexico que la Partie adverse place le point de départ des réserves de la France. Ainsi donc, ce n'est pas « quelques mois » *après* l'intervention de la *Demócrata* à Clipperton, comme l'allègue le Mémoire Mexicain, mais bien au moment où le bruit commençait à s'en répandre, et *avant* la publication de la relation de cette expédition au *Diario Oficial*, que l'action diplomatique française a été entamée.

Ces antécédents ont été exposés en détail dans le Mémoire Défensif Français, aux pages ci-dessus indiquées, et on ne peut que s'y référer. Il y a été montré aussi avec quelle continuité la priorité des droits de la France sur Clipperton a été successivement opposée aux diverses manifestations des prétentions mexicaines sur cette île. C'est donc frappée de réclamations faites avec toutes diligences utiles que se présente aujourd'hui à la discussion juridique l'intervention du Gouvernement Mexicain à Clipperton (M. F., p. 77, lettre O *in fine*).

Mais les Documents annexés au Mémoire Mexicain viennent maintenant révéler que l'attention du Ministre des Relations Extérieures avait été appelée, non pas seulement par la Légation de France, mais aussi d'un autre côté, sur l'antériorité de la Souveraineté française. C'est ce qui résulte expressément d'une lettre adressée, le 11 Janvier 1898, par le Président de la « Pacific Islands Company » au Ministre du Mexique à

Londres (M. M., annexe au *Document* N° 5). En y demandant l'autorisation de reprendre l'exploitation interrompue, au mois de Décembre précédent, par le Commandant de la *Demócrata*, Lord Stanmore s'exprimait ainsi :

« Nous payerons à Londres, à titre de dépôt, une prime à
« raison de 75 centavos par tonne exportée, un des fidéicom-
« missaires étant le Ministre du Mexique à Londres ou toute
« autre personne nommée par le Gouvernement Mexicain
« pour protéger ses intérêts. Il n'est pas probable que le Gou-
« vernement de Sa Majesté Britannique conteste les réclama-
« tions du Mexique, et, si les États-Unis d'Amérique, la France
« et le Costa Rica n'y font non plus aucune opposition, l'affaire
« sera nécessairement simplifiée... »

Cette lettre fut transmise à Mexico deux jours après. Il résulte enfin des Documents Mexicains qu'au moment où, les
17 (?) et 18 Avril 1898, eut lieu à Mexico l'échange de lettres
qui réglait les conditions dans lesquelles la « Pacific Islands
Company » pourrait entreprendre son exploitation, le représentant de la Société, M. Arundell, revint en ces termes sur la
question des droits de la France :

« Il a été également entendu, dans l'entrevue à laquelle je
« me réfère [1], qu'au cas où les réclamations du Gouvernement
« Français ou de quelque autre Gouvernement viendraient à
« être reconnues, et où le Gouvernement Mexicain perdrait
« ses droits de souveraineté... » (M. M., *Document* N° 8).

Cette constatation du caractère litigieux de la souveraineté

---

[1] Cette entrevue avait eu lieu la veille (M. M., *Document* N° 8).

de l'île va d'ailleurs, ainsi qu'en témoignent les *Documents* Mexicains, s'affirmer matériellement sous forme de stipulations précises acceptées par le Mexique. C'est ainsi qu'en répondant, le 18 Avril 1898, à M. Arundell, M. Mariscal s'exprimait dans les termes suivants :

« Au cas où le Mexique renoncerait à soutenir ses droits de « souveraineté sur ladite île, le dépôt d'argent qui aurait été « fait à son Agence financière de Londres sera restitué à la « Compagnie L^td des îles du Pacifique... » (M. M., *Document* N° 9).

Commenter ces citations serait s'exposer à en affaiblir la portée.

Dans le contrat de 1905 avec la « Phosphate Company », l'éventualité d'une mutation de souveraineté n'est plus, il est vrai, envisagée directement, mais elle n'en reste pas moins dans les contingences de l'accord. Voici en effet ce que porte l'article 3 (M. M., *Document* N° 19) :

« La Compagnie paiera au Gouvernement soixante et quinze « centavos ($ 0,75) par tonne de guano extrait, la tonne étant « de mille kilogrammes, faisant ce payement à l'Agence finan-« cière de Londres... »

Par contre, c'est à Mexico, entre les mains des administrations centrales, qu'aux termes des articles VI et IX la Compagnie concessionnaire s'acquittera des autres prestations pécuniaires, remboursement des frais d'inspection, dépôt de garantie (M. M., *Document* N° 19). Les redevances représentatives du guano enlevé, et qui doivent compenser la dépréciation subie par les gisements, du fait de l'exploitation, conservent donc une affectation spéciale, dont la persistance se comprendrait mal, si la situation du Mexique à Clipperton avait pu être considérée comme ayant acquis à ce moment un caractère définitif.

On croit devoir attendre de connaître la réponse du Gouvernement Mexicain au Mémoire Défensif Français, pour revenir sur la question des responsabilités matérielles et des restitutions, qui peuvent découler pour le Mexique de ces aliénations de l'objet litigieux. Il importait, cependant, de noter ici les réserves provisionnelles faites par les compagnies concessionnaires elles-mêmes. Elles viennent attester, de l'aveu de la Partie adverse, la double notoriété qui, dès le début, s'attachait à la précarité de l'intervention mexicaine, en même temps qu'à l'antériorité des droits de la France.

Mais une autre réflexion se présente. Il est, en effet, assez malaisé de concilier l'attitude intransigeante prise publiquement par le Gouvernement Mexicain dans cette affaire de Clipperton, avec les modalités particulières qu'il admettait dans ses arrangements avec les Compagnies anglaises, bien que, vis-à-vis d'elles, il fût vraiment le maître de la situation, puisqu'il tenait à sa discrétion les gisements guanifères.

Ce Gouvernement, à peine à Clipperton, en expulse des étrangers qu'il y trouve paisiblement installés, les contraint à amener le pavillon de leur nation et y substitue ses couleurs, déclare dans son Journal Officiel (10 Janvier 1898) que «l'île fait partie du territoire Mexicain», en ajoutant même, malgré l'avertissement préalable du Ministre de France, qu'aucun Gouvernement étranger n'a prétendu y avoir de juridiction (M. F., p. 27, 5ᵉ alinéa). Et, cependant, le 2 Février et le

18 Avril suivant, il consent expressément, dans l'acte même où il dispose des gisements de l'île, à reconnaître que sa possession peut n'être que temporaire (M. M., *Documents* N° 6 et N° 9). Cinq ans plus tard, il en renouvelle, sous une forme indirecte, l'aveu (*ibid., Document* N° 19). Cette fois même, ce n'est plus seulement l'administration seule qui intervient, mais la Représentation nationale elle-même.

Pour admettre qu'un doute sur le sort de sa souveraineté fût ainsi enregistré dans des documents authentiques, le Gouvernement Mexicain, avant d'envoyer la *Demócrata* à Clipperton, avant de traiter avec la « Pacific Islands Company », n'avait-il donc pas fait une enquête suffisante d'établissement de propriété, n'avait-il pas acquis la preuve que l'île lui appartenait déjà ou, tout au moins, qu'elle n'appartenait à personne? Le Mémoire Mexicain fournit, à cet égard, des précisions qui avaient fait jusqu'à présent défaut.

Ce serait le Ministre du Mexique à Washington qui, d'après un télégramme publié, le 15 Août 1897, par le journal *The Herald* de New-York, aurait signalé que le bâtiment à vapeur *Navarra* était arrivé à San Diego (Californie), venant de Clipperton, et qu'au dire de certaines personnes du bord, le drapeau anglais allait être arboré sur l'île, bien qu'il y eût lieu

---

[1] On a pu voir qu'avant de faire partir, en 1858, M. Le Coat de Kervéguen, le Gouvernement Français avait des idées très arrêtées sur l'état de *territorium nullius* où se trouvait Clipperton, puisqu'il ordonnait à son mandataire de prendre, ferme, possession de cette île, alors que, pour d'autres, réserve devait être faite touchant les droits dont viendrait à exciper ultérieurement un autre Gouvernement (M. F., p. 9, 2ᵉ alinéa).

de supposer que celle-ci appartenait au Mexique [1] (M. M., p. 3 et *Document* N° 1, annexe 1).

. La nouvelle ayant produit une vive émotion, le Ministre de Guerre et Marine, à la requête du Ministre des Affaires Étrangères (M. M., *Document* N° 1) donna l'ordre à la canonnière *Demócrata* de se rendre à Clipperton (*ibid.*, *Document* N° 2).

Comme témoignage du mouvement d'opinion publique suscité par la nouvelle de l'apparition probable du pavillon britannique sur Clipperton, le Mémoire Mexicain a reproduit, en annexe au *Document* N° 1, un extrait du journal *El Tiempo* du 24 Août 1897, qui, comme on va le voir, a pris aux yeux du Gouvernement Mexicain une importance particulière [2]. C'est, en effet, en s'y référant que le Secrétariat des Relations Extérieures a demandé l'envoi sur place d'un bâtiment de la marine militaire (M. M., *Document* N° 1) et la Déclaration de ce Département ministériel, publiée au *Diario Oficial* du 10 Janvier 1898, porte expressément que c'est à la suite de l'article d'*El Tiempo* que la *Demócrata* a reçu l'ordre de se rendre à Clipperton (M. F., p. 27, alinéa 3). Les indications qui, à côté d'attaques très vives contre l'Angleterre, sont données par cet article au sujet des droits du Mexique sur Clipperton, doivent donc retenir l'attention. Or, pour *El Tiempo*, l'île Clipperton appartient au Mexique parce qu'elle est à proximité des côtes mexicaines et qu'elle fait partie de l'archipel de Revilla-Gigedo. C'est d'ail-

---

[1] Il s'agit, sans doute, du voyage de M. Arundell, mentionné par le *San Francisco Chronicle* du 7 Novembre 1897 (Rapport du Commandant du *Duguay-Trouin*, M. F., p. 344). Ici, toutefois, ce n'est plus des droits du Mexique qu'il est question, mais de ceux des États-Unis.

[2] *El Tiempo* vise à ce propos de nouvelles informations américaines qui, on doit le noter (voir ci-dessous, p. 128), attribuent Clipperton aux États-Unis.

leurs ce dernier motif que M. Benoit se vit opposer par M. Aspiroz lorsque, le 8 Janvier 1898, il vint lui parler des bruits relatifs à l'intervention d'un bâtiment mexicain à Clipperton (M. F., p. 26, ligne 13). Il semble qu'un coup d'œil sur un atlas eût dû faire justice de cette hérésie géographique. Mais ce serait sortir du cadre de ce chapitre, limité à l'Exposé des Faits, que d'entrer dans ces considérations, dont il a été déjà parlé dans le Chapitre II du Mémoire Défensif Français [1].

Quoi qu'il en soit, on est amené à conclure que, malgré les réclamations du Ministre de France, appuyées sur des références à divers ouvrages (M. F., p. 26, ligne 14), malgré les avertissements de la « Pacific Islands Company », et, bien que, le 18 Janvier 1898, M. Mariscal eût déclaré à M. Benoit que la question allait être mise à l'étude (M. F., p. 30, ligne 29), le Gouvernement Mexicain n'a pas jugé à propos de se renseigner plus complètement avant de traiter avec la Compagnie anglaise, pas plus d'ailleurs qu'il ne l'avait fait avant d'envoyer la *Demócrata* à Clipperton. Les présomptions qu'on pouvait en avoir deviennent aujourd'hui des certitudes.

Le seul document auquel se réfère le Mémoire Mexicain, avant et après l'expédition de la *Demócrata*, est l'article précité

---

[1] Avant, toutefois, de quitter l'article d'*El Tiempo*, on y relèvera une indication intéressante, dont il sera fait usage dans une autre partie du présent Mémoire de Réplique. On y lit qu'un an auparavant, environ, le Gouvernement Mexicain, sur le bruit d'une occupation anglaise de l'île Clarion, dans le groupe de Revilla Gigedo, y avait envoyé une Commission, qui aurait constaté l'inanité de cette nouvelle. Par contre, il n'est fait nulle part mention, dans le Mémoire Mexicain ou dans quelqu'une de ses annexes, qu'à une époque quelconque un navire mexicain ou même espagnol ait, avant la *Demócrata*, abordé à Clipperton.

d'*El Tiempo* du 24 Août 1897. Ce n'est que sous la date du 14 Mai 1898 qu'on voit apparaître dans le dossier une note de M. Antonio Garcia Cubas, Chef du Bureau des Frontières au Secrétariat des Relations Extérieures, et il est bien probable que, si, entre temps, d'autres recherches avaient été opérées, la Partie adverse en aurait fait état.

Telles sont les conjonctures dans lesquelles, le 18 Avril 1898, le Gouvernement Mexicain a concédé l'exploitation de Clipperton, sans attendre l'étude que, quelques jours plus tard, le 14 Mai, allait lui remettre le Service qu'il avait chargé de ce travail.

En était-il autrement, en 1905, au moment où, pour la deuxième fois, il a été disposé des gisements guanifères?

Autant qu'on peut en juger, il semble que, jusqu'en Août 1911, où prend place dans le dossier un nouveau travail de M. Garcia Cubas (M. M., *Document* N° 28), sa Note du 14 Mai 1898 a continué à former la base des prétentions historiques et géographiques du Mexique à la souveraineté de l'île Clipperton. Le fait, en tout cas, apparaît comme certain jusqu'au 3 Août 1906, c'est-à-dire un an après le second acte de concession. Il résulte de la lettre de M. Mariscal à M. Boulard Pouqueville, du 30 Septembre 1898, que des investigations dans les Archives avaient été entreprises et se continuaient (M. F., p. 41, lignes 20, 21 et 22). Or, d'après la lettre adressée, le 3 Août 1906, par le Ministre des Relations Extérieures à M. Peretti de la Rocca, il n'avait pas encore été possible de retrouver les documents recherchés depuis 1898. Le dossier du Gouvernement Mexicain en était donc, en 1906, au même point qu'au 30 Septembre 1898, où M. Mariscal prenait soin d'indiquer, dès le début de sa missive à M. Boulard

Pouqueville, que sa réponse ne pouvait être complète faute de certains documents [1].

Le Gouvernement Mexicain ne se considérait donc pas encore comme muni de moyens suffisants pour justifier des prétentions sur l'île Clipperton.

C'est néanmoins dans ces conjonctures que fut conclu, le 5 Avril 1905, avec la «Phosphate Company Limited», cessionnaire de la «Pacific Islands Company» [2], un contrat approuvé le 25 Mai suivant par le Congrès de l'Union, et qui concédait l'exploitation des gisements pour vingt ans.

Il est vrai que, dans sa lettre du 3 Août 1906 à M. Peretti de la Rocca, M. Mariscal, après avoir reconnu l'échec des recherches annoncées dans sa lettre du 30 Septembre 1898, déclarait suffisantes pour établir la souveraineté mexicaine sur l'île Clipperton les raisons juridiques exposées par lui à cette époque.

Mais les actes du Gouvernement Mexicain sont inconciliables avec cette assertion.

En effet, c'est pour compléter la thèse historique du Mexique que se poursuivaient, pendant l'été de 1898, les recherches visées par M. Mariscal écrivant à M. Boulard Pouqueville [3].

---

[1] C'est à M. Antonio Garcia Cubas que, comme l'a rappelé le Mémoire Défensif Français, M. Boulard Pouqueville, Chargé d'Affaires de France, révéla, vers la fin du mois de Juillet 1898, l'existence, à la Bibliothèque Nationale de Mexico, de l'*Histoire Générale des Voyages*, de l'Abbé Prévost, où il était fait mention, dans une relation datée de 1716, de la rencontre de l'île de la Passion par le Capitaine du Bocage (M. F., p. 40).

[2] On sait (M. F., p. 36) que la Société anglaise «Pacific Islands Company» avait elle-même pris la suite de la compagnie américaine «Oceanic Phosphate Company».

[3] On pourrait, à ce propos, faire remarquer aussi qu'en 1898, pas plus qu'en

L'article du *Diario Oficial* du 2 Juillet 1906 ajoute une thèse historique à la thèse juridique originaire du Gouvernement Mexicain. Un nouveau travail de M. Antonio Garcia Cubas (*Document* n° 28), remplaçant une autre note communiquée à la Légation de Rome, est daté d'Août 1911, et fait allusion à une brochure qui semble d'assez peu antérieure.

On peut donc dire que les actes du Gouvernement Mexicain sont en opposition avec la déclaration qu'il a faite le 3 Août 1906, savoir que sa lettre du 30 Septembre 1898 suffisait à la défense de sa cause.

Une dernière observation se présente. Il a été noté dans le Mémoire Défensif Français que la lettre de M. Mariscal du 30 Septembre 1898 était une communication d'*attente* (M. F., p. 45, ligne 26) et qu'aucun malentendu ne pouvait, en 1905, subsister sur la ferme volonté du Gouvernement Français de maintenir ses droits sur l'île Clipperton.

Comment, dès lors, le Gouvernement Mexicain, alors que le débat restait ouvert de son fait, en a-t-il profité pour aliéner à nouveau l'objet du litige ?

A côté des arrangements passés avec les deux Compagnies anglaises en 1898 et 1905, viennent se placer d'autres initiatives prises par le Gouvernement Mexicain à Clipperton, telles que par exemple les nominations d'Inspecteurs et d'un Préfet

---

Août 1906, le Gouvernement Mexicain n'a opposé cette thèse au Gouvernement Français, alors que, le 2 Juillet 1906, il l'avait livrée à la publicité, comme partie intégrante de l'apologie de ses droits. Pourquoi, dès lors, en avoir soustrait la teneur à la discussion diplomatique ?

Politique, citées par la Partie adverse dans son Exposé des Faits (M. M., p. 5, dernier alinéa). Ces actes, — actes de *domination*, comme le disait l'article du *Diario Oficial* du 2 Juillet 1906 (M. F., p. 55, ligne dernière) — actes *effectifs d'autorité* comme les qualifie le Mémoire Mexicain (p. 53, ligne 5) sont atteints, et dans les mêmes conditions que les actes de disposition de l'exploitation de Clipperton, par les constatations effectuées au cours des pages qui précèdent.

La discussion des thèses juridiques mexicaines, qui ont précisément fait état de ces actes, au point de vue de l'acquisition de l'île, fournira l'occasion d'apprécier leur valeur en droit.

* * *

La seconde partie de l'*Exposé des Faits* mexicain [1] concerne, ainsi qu'il a déjà été dit, les représentations de la France et la préparation du Compromis du 2 Mars 1709.

Ce n'est pas, cependant, qu'il y ait eu, comme ce mode de répartir les événements pourrait en laisser l'impression, deux périodes distinctes dans l'évolution de l'affaire, l'une préalable d'action mexicaine, et l'autre, consécutive, où se serait engagé et poursuivi le litige international.

Bien au contraire, dès le premier moment, le Gouvernement Mexicain s'est trouvé, on le sait, en présence des représentatations de la France. Il en est résulté que le débat diplomatique se lie trop étroitement à la marche des faits pour supporter d'en être isolé, et qu'on a dû, pour restituer aux actes du

---

[1] pp. 6 et 7.

Gouvernement Mexicain à Clipperton leur véritable caractère, rappeler déjà certaines circonstances de la controverse.

Tel qu'il est présenté, l'Exposé Mexicain de cette seconde partie appelle tout d'abord la rectification d'ordre qui, à propos de la première partie, a remis au point la date initiale des réserves formulées par la France. Ce n'est pas, on l'a vu, quelques *mois* après l'intervention mexicaine à Clipperton, mais quelques *jours* après l'expédition de la *Demócrata*, et dès que la première nouvelle en a transpiré, que la Légation de France a entamé des démarches conservatoires.

Une seconde observation matérielle est suggérée par une allégation formulée un peu plus loin, page 7, à propos des documents transmis par M. Boulard Pouqueville le 15 Juillet 1898. Après avoir rappelé les différents ouvrages géographiques cités par le Gouvernement Français, pour établir la notoriété géographique de sa souveraineté sur Clipperton, la Partie adverse ajoute cette phrase :

> « où il est dit que l'île est réclamée par la France. »
> (M. M., p. 7, ligne 11 [1].)

C'est ainsi, en effet, que s'expriment le *Guide* de Findlay et le Lippincott's *Gazetteer*. Par contre, dans les Petermann's *Mittheilungen*, dans les *Atlas* de Stieler et de Kiepert, dans le *Dictionnaire Géographique* de Vivien de Saint Martin, Clipperton apparaît comme possession française, et les *Instructions Nautiques* françaises constatent que cette île « appartient à la France » (M. F., p. 429).

Mais, abstraction faite de ces premières remarques, l'Exposé

---

[1] « ..... dove si dice che l'isola è reclamata dalla Francia... »

Mexicain, dans son extrême brièveté, ne permet pas, — et il importe de le noter — de se rendre suffisamment compte de la suite et de l'enchaînement de l'action conservatoire qui s'est exercée auprès du Gouvernement Mexicain; il doit donc être complété. Néanmoins, comme le Mémoire Défensif Français a déjà donné une analyse détaillée de ces démarches (pp. 26 et suivantes), on se bornera ici à en reprendre simplement l'énumération[1].

1898. — 8 Janvier : *Entretien de M. Benoit avec M. Aspiroz* (M. F., p. 26). *Bruits d'intervention mexicaine à Clipperton ;*

18 Janvier : *Entretien de M. Benoit avec M. Mariscal* (M. F., p. 30), *au sujet de la Publication au Diario Oficial du Rapport du Commandant de la Demócrata. La question de souveraineté est réservée;*

1er Mai : *Entretien où M. Benoit parle de la prise de possession de Clipperton par M. de Kervéguen à M. Mariscal, qui exprime le désir de recevoir une note officielle avec pièces à l'appui* (M.F., p. 32);

16 Juin : Lettre de M. Boulard Pouqueville annonçant l'arrivée prochaine des documents demandés (M.F., p. 33; M.M., p. 6 et *Documents* Nos 12 et 13);

Juillet (*commencement de*) : *Entretien de M. Boulard Pouqueville avec M. Aspiroz* (M. F., p. 34), *au sujet de l'envoi de travailleurs japonais à Clipper-*

---

[1] Les communications françaises dont il n'a pas été fait état par le Mémoire Mexicain sont mentionnées dans cette énumération en caractères italiques.

1898.
(*Suite.*)

ton et de l'autorisation d'exploiter accordée à une compagnie anglaise; et Juillet (fin de) : *Entretien de M. Boulard Pouqueville avec M. Aspiroz* (M. F., p. 35), *même sujet;*

15 Juillet : Lettre de M. Boulard Pouqueville à M. Mariscal (M. F., p. 39 et M. M., p. 6). Envoi du dossier français;

Juillet : *Accusé de réception de M. Mariscal* (M. F., p. 40);

26 Septembre : *Lettre de M. Boulard Pouqueville à M. Mariscal* (M. F., p. 41). *Demande de réponse à sa communication du 15 Juillet précédent;*

30 Septembre : Lettre de M. Mariscal à M. Boulard Pouqueville (M. F., p. 41; M. M., p. 7). Le Gouvernement Mexicain ne trouve pas suffisants les titres du Gouvernement Français à la souveraineté de Clipperton. Le Gouvernement Mexicain n'a pas, d'ailleurs, réuni encore tous ses documents; aussi sa réponse n'est pas complète;

1900. — 20 Avril : *Lettre de M. Benoît à M. Mariscal* (M. F., p. 47), *au sujet de l'insertion de Clipperton dans la liste des îles mexicaines publiée par le Ministère des Relations Extérieures;*

1906. — 6 Juillet : *Lettre de M. Peretti de la Rocca à M. Mariscal* (M. F., p. 57), *au sujet de l'article du Diario Oficial du 2 du même mois. Le Gouvernement Français n'a pu encore répondre à la lettre du 30 Septembre 1898, puisque M. Mariscal s'était réservé de la compléter;*

1906. — 25 Juillet : *Entretien de M. Peretti de la Rocca avec
(Suite.) M. José Algara (M. F., p. 61). Bruits de con-
struction d'un phare à Clipperton ;*

27 Juillet : *Lettre de M. José Algara à M. Peretti de la
Rocca (M. F., p. 61). Un phare va être édifié à
Clipperton ;*

3 Août : *Lettre de M. Mariscal à M. Peretti de la Rocca
(M. F., p. 58). Les documents attendus n'ont pu
être trouvés ; mais la lettre du 30 Septembre 1898
est suffisante, et le Gouvernement Mexicain attend
que le Gouvernement Français y réponde ;*

10 Octobre : Lettre de M. Peretti de la Rocca à
M. Mariscal (M. F., p. 59; M. M., p. 7). Proposition d'arbitrage;

15 Novembre : Lettre de M. Mariscal à M. Peretti
de la Rocca (M. F., p. 60; M. M., p. 7). Acceptation du principe de l'arbitrage, sous réserve d'une réponse préalable du Gouvernement Français à la lettre de M. Mariscal du
30 Septembre 1898;

1907. — 26 Décembre : *Lettre de M. Dumaine à M. Mariscal
(M. F., p. 63). Réponse à la lettre de M. Mariscal
du 30 Septembre 1898 ;*

1908. — Mai : *Entretien de M. Dumaine avec M. Gamboa (M. F.,
p. 68). Acceptation par le Mexique du recours à
l'arbitrage.*

Il est enfin une dernière circonstance que l'*Exposé des Faits*
Mexicain semble avoir perdue de vue, et qui, cependant, ne
saurait être passée sous silence. On sait, en effet, que, trois

semaines avant le passage de la *Demócrata*, un croiseur de la marine militaire française, le *Duguay-Trouin*, envoyé en mission spéciale par le Gouvernement de la République, s'était rendu à Clipperton, et qu'un de ses officiers y était descendu à terre. Ce fut aussi à la suite de cette visite que des démarches diplomatiques furent entamées auprès du Gouvernement dont notre bâtiment avait trouvé le pavillon arboré sur l'île, c'est-à-dire du Gouvernement des États-Unis (M. F., pp. 21 et suivantes).

Le Commandant de la *Demócrata* a-t-il eu quelque indice du fait qu'un bâtiment français l'avait précédé? En tout cas, son rapport, tel que l'a publié le *Diario Oficial* du 10 Janvier 1898, n'en fait aucune mention.

Le Gouvernement Français, en communiquant, le 15 Juillet 1898, le dossier de ses titres de souveraineté au Gouvernement Mexicain, n'avait pas eu à y faire figurer un épisode, qui n'était qu'un simple acte d'exercice de son autorité. Mais, lorsque, par sa lettre du 30 Septembre 1898, le Gouvernement Mexicain eut argué de péremption, par abandon, les droits de la France, la visite du *Duguay-Trouin* se trouva prendre une valeur juridique particulière. Aussi, lorsque, le 26 Décembre 1907, M. Dumaine eut à donner à l'argumentation exposée dans la lettre mexicaine du 30 Septembre 1898, une réponse, différée jusque là pour les motifs que l'on connaît, il n'eut garde de passer sous silence la mission du *Duguay-Trouin* et la rappela en ces termes... « Et même, ces devoirs « de police il » (le Gouvernement Français) « s'en est acquitté dans « la mesure qui était nécessaire : il a suffi, en effet, qu'on ait « eu connaissance de la présence d'occupants dans l'île en 1897 « pour qu'un navire français y ait été envoyé, afin de se rendre

« compte de la situation. Cette visite doit être considérée comme
« ayant eu, au moins, un caractère conservatoire... » (M. F.,
p. 64, 5e alinéa). De ce moment, et à supposer même que la
mission dont il s'agit lui eût échappé, le Gouvernement Mexicain en était officiellement avisé et savait aussi quelle conséquence y attachait le Gouvernement Français. Néanmoins, dans
l'*Exposé des Faits*, aucune mention n'y est consacrée par la
Partie adverse; le même silence est observé dans le reste du
Mémoire, alors même qu'il est relevé à la charge du Gouvernement Français d'avoir laissé Clipperton dans le plus complet
abandon, depuis la prise de possession de M. Le Coat de Kervéguen, et de n'y avoir jamais procédé à un acte qui puisse
être assimilé à une manifestation de souveraineté (M. M.,
p. 51, alinéa 2, et ci-dessous, pp. 100 et suiv.).

Le Gouvernement Français se trouve dès lors, à nouveau, dans la nécessité où il a déjà été à plusieurs reprises au
cours du présent chapitre, de suppléer aux lacunes du Mémoire
Mexicain. Ainsi donc, lorsque la Partie adverse fera ultérieurement état d'une péremption présumée des droits de la France
par le non-usage, lorsqu'elle mettra en avant l'expédition de la
Demócrata, il conviendra de se souvenir que, trois semaines
auparavant, le *Duguay-Trouin* était allé à Clipperton, et que
c'était en mission spéciale qu'il s'y était rendu.

En résumé, l'analyse ci-dessus de l'*Exposé des Faits* Mexicain
amène à y relever deux omissions caractérisées : l'une porte sur
le passage du croiseur français *Duguay-Trouin* à Clipperton en
Novembre 1897, c'est-à-dire avant l'arrivée de la *Demócrata*,

l'autre sur les démarches faites par la Légation française dès le 8 Janvier 1898, c'est-à-dire antérieurement à la concession accordée par le Gouvernement Mexicain à la « Pacific Islands Company ».

D'ailleurs, et d'une manière générale, cette partie du Mémoire Mexicain ne permettrait pas de se rendre compte d'une manière suffisante de la continuité des réserves formulées par la Légation de France et de leur étroite connexité avec les interventions successives du Gouvernement Mexicain à Clipperton. Le Gouvernement Français doit donc à cet égard se référer au Chapitre 1er de son Mémoire Défensif.

D'autre part, et selon toute vraisemblance, le Gouvernement Mexicain aurait envoyé la *Demócrata* en Décembre 1897 et disposé des gisements guanifères de l'île le 18 Avril 1898, sans étude préalable, et alors qu'il n'était vraiment pas possible de se faire illusion sur le caractère erroné des assertions géographiques du journal *El Tiempo*. De même, lorsqu'en 1905 est intervenu un nouvel acte de concession, cette fois sous une forme solennelle et pour une durée de vingt années, les premiers renseignements recueillis étaient encore trop incomplets pour que le Ministre des Relations Extérieures ait jugé à propos, le 30 Septembre 1898 et le 3 Août 1906, d'en faire usage vis-à-vis de la Légation de France. C'est dans le même état d'incertitude sur les droits historiques qu'elle invoquait, que la Partie adverse a poursuivi le débat, qu'elle l'a poussé jusqu'à mettre en mouvement l'appareil de l'arbitrage.

Du reste, cette concession de 1905 a été accordée, alors que c'était du fait du Gouvernement Mexicain que la discussion restait, depuis le 30 Septembre 1898, en suspens, et que les démarches réitérées de la Légation de France ne pouvaient lui laisser aucun doute sur la ferme volonté du Gouvernement Français de maintenir ses réclamations[1].

Enfin, il résulte des indications versées au débat par la Partie adverse que, parallèlement aux représentations qui lui venaient du côté de la France, le Ministre des Relations Extérieures était prévenu par l'« Islands Pacific Company » du caractère litigieux de ses prétentions sur l'île Clipperton, que la France était expressément mentionnée dans ces avertissements et que, sans paraître y avoir opposé une objection quelconque, le Gouvernement Mexicain souscrivait en 1898, vis-à-vis de la Compagnie anglaise, des clauses attestant la précarité de sa situation.

On voit ainsi dans quelles conditions, de l'aveu même du Mémoire Mexicain, ont été accomplis « les actes effectifs d'autorité » dont la Partie adverse va tenter de faire état, en sa faveur, dans la suite de son Mémoire.

---

[1] La Partie adverse ne serait pas recevable à faire remarquer que, du côté français, les recherches ont continué aussi, même après la signature du Compromis du 2 Mars 1909. Ces investigations ont eu pour objet de répondre aux assertions du dossier mexicain, tel qu'il se présentait à cette époque. Pour le Gouvernement Français, sa position était d'ores et déjà bien déterminée par la lettre de M. Dumaine à M. Mariscal du 26 Décembre 1907, et son Mémoire Défensif n'en a été en réalité que le développement. Cette lettre, d'ailleurs, n'avait été écrite, on le sait, qu'après une révision très attentive du dossier par le Gouvernement Français (M. F., p. 62, dernier alinéa).

II

OBSERVATIONS RELATIVES AUX « THÈSES
SUR LESQUELLES SE FONDE LE DROIT DU MEXIQUE
À LA SOUVERAINETÉ DE L'ÎLE CLIPPERTON »[1].

Au début de ce Chapitre, la Partie adverse a reproduit l'allégation déjà avancée dans la lettre de M. Mariscal du 30 Septembre 1898, que, le Mexique étant en possession, c'est à la France qu'il appartient de prouver ses droits. Cette prétention doit être tout d'abord éliminée du débat. On examinera ensuite les observations dont seront susceptibles, dans leur forme, les Thèses mexicaines, telles qu'elles se présentent ici, la discussion au fond étant réservée pour les Chapitres suivants.

> « Il n'est pas contesté ni contestable », dit le Mémoire Mexicain, « que le Mexique se trouve actuel-
> « lement en possession de l'île, et qu'il s'y trouvait
> « déjà quand la France formula pour la première
> « fois ses prétentions. Il incombe, par suite, à cette
> « dernière de faire la preuve du droit en vertu
> « duquel elle revendique la souveraineté de l'île
> « contre le Mexique qui possède et exerce en fait
> « cette souveraineté. »

Il est tout d'abord à noter que cette assertion ne se présente, en quelque sorte, que comme une exception de procédure, et

---

[1] M. M., pp. 9-10.

que le Mexique ne l'a pas placée au nombre de ses *Thèses*.
Engager dès à présent le débat sur ce point serait, d'ailleurs,
anticiper sur la discussion des Chapitres suivants. La détention
matérielle de la chose ne peut en effet être qualifiée de possession et en produire les bénéfices, qu'autant qu'elle est *juste*.
Mais ce sera précisément l'objet des considérations qui seront
exposées plus loin, comme complément de ce qui a déjà été
dit au cours de divers passages du Mémoire Défensif Français,
que d'établir définitivement le défaut de valeur juridique de
la situation de fait dont le Mexique voudrait se prévaloir à
Clipperton.

Pour le moment, on se bornera à remettre au point, pour
ce qui concerne la position prise par la France dans l'instance,
l'énoncé de la proposition mexicaine.

Le Gouvernement Français ne revendique pas, en effet, la
souveraineté de Clipperton, car la « revendication » suppose au
profit du détenteur de la chose une situation juridique à
laquelle le Mexique ne saurait être habile à prétendre. Le texte
de l'article 1er de la Convention d'Arbitrage du 2 Mars 1909 a
mentionné simplement qu'un *désaccord*, qu'un *litige* existait
entre les Parties contractantes relativement à la souveraineté
de l'île (M. F., p. 255). Le Gouvernement Français n'aurait
jamais souscrit une rédaction qui aurait paru tenir compte
en droit de la situation de fait résultant de l'intervention armée
exercée par la *Demócrata*.

On ne croit pouvoir mieux faire que de rappeler ici ce passage des Observations finales du Mémoire Défensif Français.

« ...Et si, comme dans une certaine phase de l'ancienne
« procédure romaine, il fallait aujourd'hui, au seuil de l'instance,

« qualifier le caractère de l'action que poursuit le Gouverne-
« ment Français, ce ne serait pas à la formule de la *revendication*,
« où il incombait au demandeur d'administrer la preuve de son
« droit de propriété, qu'il conviendrait, pour lui, de se référer,
« mais bien à la procédure de l'*interdit*, dans laquelle le déten-
« teur de l'héritage réclamé devait prouver que, pour se mettre
« en possession, il n'avait pas fait ce qui lui avait été défendu,
« c'est-à-dire troublé d'une manière injustifiée le propriétaire
« auquel il s'était substitué » (M. F., p. 250, lignes 13 et suiv.).
Il n'y a rien à ajouter ici à la démonstration qui a servi de base
à ces observations (M. F., p. 209, dernière ligne, n° 1).

Cependant, comme la Partie adverse paraît, ainsi qu'on le
verra à propos de sa première Thèse, s'être complue aux citations d'auteurs, on clora les remarques qui précèdent par les
lignes suivantes empruntées à un des ouvrages auxquels elle
s'est référée. « C'est à l'État nouvel occupant qu'incombe la
« charge de la preuve de la perte du *corpus* et de l'*animus domini*,
« car il est naturel d'admettre la présomption contraire » [1].

Enfin, le libellé même de la prétention mexicaine appelle
une rectification.

> « Le Mexique », y est-il dit, « se trouvait en pos-
> « session quand la France formula pour la première
> « fois ses prétentions. »

---

[1] Ch. Salomon, *L'occupation des territoires sans maître* (Paris, Garnier, 1889),
p. 249, ligne 10. On verra d'ailleurs plus loin que le Mexique ne saurait prétendre avoir occupé Clipperton, puisque l'occupation, considérée comme mode
d'acquisition, a comme condition essentielle de porter sur un territoire *nullius*.
Dans la citation ci-dessus, le terme *occupant* doit donc être entendu comme correspondant simplement à celui de « détenteur ».

Or, le Gouvernement Français n'élève pas de *prétentions* sur l'île; il agit pour faire cesser le trouble apporté à sa souveraineté. Avant l'expédition inopinée de la *Demócrata*, il n'existait pour lui aucun motif de «formuler ses prétentions» à Mexico. L'observation de la Partie adverse ne se justifierait que si la France avait laissé passer un certain temps sans réclamer contre l'intervention du Mexique. C'est, en effet, ce qu'avait avancé l'*Exposé des Faits* Mexicain, mais on a montré l'inexactitude absolue de cette allégation (pp. 1, alinéa 2, et suiv.).

D'autre part, on signalera l'ambiguïté de la position prise par la Partie adverse. Il y avait, en effet, à choisir entre deux systèmes : on pouvait dire qu'au moment où M. Le Coat de Kervéguen est venu à Clipperton, l'île dépendait du Mexique et n'était pas «territorium nullius». La France aurait ainsi commis un acte d'intrusion qu'il lui eût incombé de justifier. On pouvait, par contre, en admettant que Clipperton fût en 1858 «territorium nullius», faire porter la discussion sur les conditions de prise de possession et sur l'attitude du Gouvernement Français pendant la période consécutive, de manière à établir qu'il y aurait eu, ou défaut d'acquisition, ou perte de la souveraineté, et que, par conséquent, le Mexique était fondé à occuper l'île à son tour en 1897, et, dans ce cas, le fardeau de la preuve lui incombait.

Mais ces deux positions, le Mexique les prend simultanément; il veut démontrer à la fois qu'il était ancien propriétaire, et qu'il a été légitime occupant en 1897. Or, il y a là, on le montrera plusloin, deux qualités qui s'excluent l'une l'autre, en fait comme en droit (pp. 126, alinéa 2; 130, alinéa 2, et 164, alinéa 3).

La situation du Gouvernement Français est beaucoup plus

simple. Elle revient à démontrer, d'une part, que Clipperton, étant « territorium nullius » en 1858, était susceptible d'occupation, et, d'autre part, que cette occupation a produit et continué ses pleins effets, de telle sorte qu'en 1897 Clipperton se trouvait sous la souveraineté française. Telle est la démonstration qu'on se propose de faire en réfutant maintenant les Thèses Mexicaines.

III

« PREMIÈRE THÈSE » mexicaine : « L'ÎLE CLIPPERTON,
« EN 1858, FAISAIT PARTIE DU TERRITOIRE MEXICAIN [1] ».

DISCUSSION ET RÉFUTATION.

Sous le n° 1°, p. 9, alinéa 3, la Partie adverse présente comme
suit l'argument de cette thèse :

> « L'île Clipperton faisait partie *ab antiquo* des
> colonies espagnoles, lesquelles, en se séparant de la
> mère-patrie, constituèrent les États-Unis du Mexique
> actuels; elle n'était donc pas *res nullius* et ne pou-
> vait être l'objet d'une prise de possession valable de
> la part de la France en 1858. » [2]

A l'encontre de cette allégation, le Gouvernement Français
affirme que lorsque, en 1858, M. Le Coat de Kervéguen a
pris possession de Clipperton, l'île était absolument libre de

---

[1] M. M., pp. 11-24.

[2] Le Mémoire Mexicain dit à ce propos (p. 11, lignes 1 et suiv.) que « l'an-
« cienne colonie espagnole, qui portait le nom de la *Nouvelle Espagne*, comprenait
« dans sa propre juridiction, selon les ordonnances des rois d'Espagne, confirmées
« en 1636, les deux Audiences du Mexique et de la Nouvelle-Galicie, divisées en
« plusieurs provinces, *avec différentes îles...* » Une référence est donnée en note à
l'ouvrage de D. Vicente Riva Palacio, *Mexico a través de los siglos*, lib. II, cap. 1°,
p. 462. En se reportant à cet ouvrage, on a dû constater qu'à la page ci-dessus
indiquée, il est bien en effet question des territoires qui composaient les deux
Audiences précitées, mais qu'il n'y est fait aucune mention d'îles. Humboldt ob-
serve le même silence.

toute dépendance étrangère, et que son état de *territorium nul-lius* résultait, non de cette circonstance juridique que des droits de souveraineté préexistants se seraient éteints par péremption, mais de ce fait matériel que de tels droits n'avaient jamais existé, pas plus au profit de l'Espagne que du Mexique (M. F., p. 229, alinéa 4).

La Partie adverse a réparti la démonstration de sa thèse en cinq paragraphes d'après lesquels :

1° L'île actuellement en litige a été connue successivement sous les noms d'île de *la Passion*, d'île *Medano* ou *Medanos* et enfin d'île Clipperton (M.M., pp. 11-13), sa situation actuelle étant par environ 10° de Latitude Nord (*Ibid.*) [1] ;

2° La découverte en est due aux navigateurs espagnols du XVIᵉ siècle (*Ibid.*, pp. 13-15);

3° Au XVIIIᵉ siècle, l'île est bien connue de la marine espagnole sous le nom d'île de la Passion, de *Medano* ou de *Los Medanos*; elle fait alors partie du ressort du Tribunal du Consulat du Mexique (*Ibid.*, pp. 15-18);

4° C'est par une erreur géographique, en somme assez explicable, que certains documents ont placé dans les environs du 15° de Latitude Nord une île de la Passion (*Ibid.*, pp. 18-22);

5° Et, enfin, comme il est prouvé qu'il n'existe pas d'île de la Passion dans les environs du 15° de Latitude Nord, près du groupe des îles Revilla Gigedo, c'est bien à l'île Clipperton, sur

----

[1] Le Mémoire Mexicain donne à ce propos (p. 13) des références à divers ouvrages modernes, sur lesquelles on reviendra plus loin, dans le chapitre consacré à la *Deuxième Thèse* (p. 111, dernier alinéa).

le 10° de Latitude Nord, que s'applique la démonstration poursuivie dans les numéros précédents. D'où il résulte :

Que le Mexique a trouvé cette terre dans le patrimoine de l'Espagne, qui la possédait *ab antiquo*,

Et que, par conséquent, Clipperton n'étant pas *res nullius*, elle n'a pu être l'objet d'une prise de possession de la part de la France (*Ibid.*, pp. 22-24).

La simple lecture de ces propositions montre que la Partie adverse s'est désintéressée des ouvrages et des cartes cités dans le Mémoire Défensif Français au sujet de l'expédition de l'Anglais Clipperton, et des conditions dans lesquelles ce marin aurait découvert l'île dont il s'agit [1]. Il ne semble pas, non plus, que les travaux plus récents, qui ont mis au jour les itinéraires de *La Princesse* et de *La Découverte*, avec les renseignements qui s'y trouvent sur l'île de la Passion, aient attiré son attention [2]. Il en résulte que tout le raisonnement de la thèse mexicaine, qui repose sur ce postulat que l'île de la Passion a été décou-

---

[1] M. F., pp. 101, 105, 107, 108, 109, 110, 144, 505, 506, où sont cités les ouvrages et documents suivants : Burney, *A chronological History of the Discoveries in the South Sea or Pacific Ocean*, 5 vol., London, 1803-1817 ; W. D. Cooley, *The History of maritime and inland discovery*, 3 vol., London, 1833-1834 ; Betagh, *A voyage round the World...*, London, 1723.

[2] Cf. Dahlgren, Voyages des Français à destination de la mer du Sud avant Bougainville, *Nouvelles Archives des Missions scientifiques*, t. XIV, fascicule IV, 1907 ; et du même auteur : *Les relations commerciales et maritimes entre la France et les côtes de l'océan Pacifique* (commencement du xviii° siècle, t. Ier, Paris, 1909). Il a été fait usage à plusieurs reprises de ces publications dans le Mémoire Défensif Français, pp. 92, 102, 130, 137, 138, 140, 463.

verte et nommée ainsi par des marins espagnols du xvie siècle, pèche par la base. Cette démonstration a été déjà faite dans le Mémoire Défensif Français (Chap. II), et, comme aucun moyen susceptible d'y être opposé n'a été apporté par le Mémoire Mexicain, qui, d'ailleurs, a laissé complètement dans l'ombre ces précédents, elle subsiste tout entière. C'est du moins ce qu'on se propose d'établir par l'analyse qui va être donnée des arguments auxquels a eu recours la Partie adverse.

On croit toutefois être fondé à faire entrer en ligne de compte, pour cet examen et pour cette discussion, les conditions dans lesquelles se pose, depuis le Mémoire Défensif Français, la question des droits historiques auxquels prétend le Mexique. Il arrive fréquemment que, faute de moyens de preuve suffisants, des controverses de semblable nature soient exposées à rester dans le domaine de l'hypothèse. De part et d'autre, on est le plus souvent réduit à n'invoquer que des traditions, des cartes plus ou moins imparfaites, des interprétations de relations de voyages, trop fréquemment obscures ou ambiguës. On en arrive ainsi à ne discuter que des conjectures et à ne décider en somme qu'en faveur de la présomption la plus vraisemblable. Mais, actuellement, à l'assertion mexicaine que l'île en litige a reçu de marins espagnols au xvie siècle le nom d'île de la Passion, on se trouve à même d'opposer les journaux de route de *La Princesse* et de *La Découverte*, aux termes desquels des marins français ont vu et décrit, le 3 Avril 1711, cette île dont il n'était fait aucune mention sur leurs cartes, et qu'ils ont appelée île de la Passion. Ce sont là des documents précis et indiscutables. Si donc, abandonnant partiellement sa thèse, le Mexique venait maintenant à alléguer qu'antérieurement au 3 Avril 1711 l'île avait été déjà découverte et pratiquée, mais sous une autre dénomination, par la navigation espagnole, le Gouvernement Français croit être fondé à dire que la Partie adverse serait tenue d'apporter, à l'appui de cette assertion, des faits offrant des éléments de certitude équivalant à ceux qui résultent du voyage des deux navires précités. Il doit donc récuser, comme étant infirmés par la nature même des témoignages qu'il produit, toute tentative de justification qui ne reposerait que sur des probabilités, sur des cartes que ne viendraient point étayer des références à des relations de l'époque, précises, explicites et dignes de créance [1].

* * *

---

[1] La Partie adverse se réfère fréquemment, à propos de la *Première Thèse*, à deux rapports de M. Antonio Garcia Cubas, du 14 Mai 1898 et d'Août 1911 (*Documents* N°ˢ 11 et 28). On aura occasion de discuter, dans les pages qui vont suivre, certaines assertions de ces deux documents, en même temps que les articulations du Mémoire Mexicain où il en est fait état. Mais, en outre, ces notices produisent diverses allégations, qui appellent des rectifications matérielles, dont il paraît préférable d'alléger le débat avant d'aller plus loin. On va donc reprendre ici ces passages en les faisant suivre des observations qu'ils comportent :

Document N° 11 (Rapport du 14 Mai 1898).

« ...de qui, sans doute, cette île connue par les navigateurs espagnols sous l'appellation de « La Passion » prit le nom... » (« de quien, sin duda, tomo el nombre la mencionada isla conocida por los navegantes españoles con el de « La Pasión ».)

On vient de rappeler, et on a montré (M. F., pp. 119 et suivantes) que ce sont les capitaines français Du Bocage et Martin de Chassiron qui, le 3 Avril 1711, donnèrent à cette île le nom de « La Passion ». A supposer, ce que d'ailleurs le Mémoire Mexicain affirme sans le prouver, comme on le dira plus loin, que les marins espagnols aient pratiqué antérieurement cette terre, ils n'auraient pu la connaître sous le nom de « La Passion » ;

« ...Le changement de nom doit s'être fait longtemps après l'époque où Clipperton se livrait au pillage des navires et des populations, car les marins espagnols, à la fin du der-

La Partie adverse n'a pu manquer, elle aussi, d'être frappée
des variations qui se manifestent dans les œuvres géographiques

---

*nier siècle, continuaient à donner à l'île sa primitive dénomination». («El cambio de nombre
debe haberse verificado mucho tiempo después de la época en que Clipperton se hallaba
entregado el pillaje de navíos y poblaciones, puesto que los marineros españoles, á fines del
siglo pasado, seguían dando á la isla su primitiva denominacion».)*

On fera observer que, dès 1723, l'île apparaît sur un document imprimé
anglais avec le nom de Clipperton (M. F., pp. 110-111). Peu importe, d'ailleurs,
la question de priorité pour l'une ou l'autre des deux dénominations, puisqu'il
est établi qu'elles viennent, soit d'un marin anglais, soit de marins français dans
les premières années du xviii° siècle.

*«...Comme on peut s'en rendre compte, sur ce croquis apparaissent marqués deux points,
l'un sous le nom d'île de la Passion par 10° 12′ L. N., et 108° 27′ O. de Greenwich, et
l'autre sous celui de roc de la Passion par 16° de L. N. et 109° 55′ de longitude Ouest...»
(«Como puede observarse, en dicho croquis aparecen señalados dos puntos, uno con el nombre
de isla de la Pasión á los 10° 12′ de L. N. y 108° 27′ O. de Greenwich, y otro con el de
la roca de la Pasión á los 16° de L. N. y 109° 55′ de Long. occidental....»)*

C'est, en fait, tout le contraire. Sur la carte mexicaine N° 2, que vise ce passage
du *Document N° 11*, on voit en effet que c'est l'île de la Passion qui est marquée par 16° de L. N. et le «Passion Rock» par 10° de L. N. De plus, le *Document
N° 11* écrit : *isla de la Pasión* et *roca de la Pasión*, alors que la carte porte *Pasión I.*
avec cette légende : *No existe tal Isla en este lugar* et *Passión Rock antea Isla de la
Pasión*. Il semble douteux qu'une carte anglaise orthographie différemment le mot
Passion, il semble bien aussi que les deux légendes constituent des additions.

C'est la répétition de l'erreur réfutée ci-dessus.

*...«Le nom de «La Passion» fut donné à l'île par ceux qui l'ont découverte, des ma-
rins espagnols...» («Il nombre de «La Pasión» fué dado á la isla por sus descubri-
dores, marinos españoles»).*

*«...par lesquels ne pouvait être jamais ignorée une île que Clipperton ne fit que toucher
pour y guetter le navire dit de Chine et l'assaillir sans avoir atteint son but...» («para
quienes nunca pudo ser ignorada... isla que solo tocó Clipperton para ponerse en acecho
de la noa llamada de China y assaltarla sin lograr su objeto...»)*

On doit, jusqu'à plus ample informé, considérer comme erroné de prétendre
que, dans ses opérations, ou dans sa traversée de 1705, Clipperton ait touché
l'île pour y guetter le galion de Manille qui, d'ailleurs, ne rangeait pas Clipperton
(M. F., p. 107, au sujet du voyage de retour de Clipperton, et p. 133; voir

des xviiiᵉ et xixᵉ siècles où apparaissent, avec des positions différentes, tantôt isolément, tantôt simultanément, une île et un

---

aussi la carte Nᵒ 3 annexée au *Document* Nᵒ 11, *route de retour des Espagnols, des
Philippines à Acapulco.*

« . . . *Sur cette carte, une ligne de points qui relie plusieurs îles, entre autres celle de
la Passion, porte une note qui dit :* « *Voie de retour des marins espagnols des Philippines à
Acapulco* » (*Voir le croquis Nᵒ 3*). [« *En dicha carta una línea de puntos que liga diversas
islas, y entre ellas la de* « *La Pasión* », *tiene una nota que dice :* « *Derrotero de los barcos
españoles desde Filipinas para Acapulco* » (*Vease croquis número 3*).]

Comment concilier une telle assertion avec le fait que, sur le croquis dont il
s'agit, la ligne ponctuée passe à quatre degrés au nord de l'île de la Passion?

Document Nᵒ 28 (Août 1911).

(Ce *Document* est parfois un peu obscur, car il renvoie fréquemment à une
brochure jointe à un rapport de M. Garcia Cubas, dont le texte n'a pas été produit.)

Itinéraire de Saavedra : Le résumé qui est donné, dans ce *Document* 28, du
Journal de bord ne concorde pas avec le texte de l'édition de Navarrete, conservée
à Paris à la Bibliothèque nationale (Madrid, en la Imprenta Nacional año de 1837),
dont on donne aux pièces justificatives (voir, ci-dessous, Annexe Nᵒ 1, p. 173)
l'extrait en espagnol, avec traduction en français.

D'après le *Document* Nᵒ 28, la route aurait été S. O. le 5 Novembre, O. S. O.
le 6, et S. O. le 7. Suivant le volume de Navarrete, la route a été, pendant ces
trois jours, 5, 6 et 7 Novembre, O. S. O., et aucun changement de direction n'est
indiqué jusqu'au Jeudi 14, où la route passe à l'Ouest.

Quant à la carte annexée au *Document* 28, sous le Nᵒ 8, elle ne concorde ni
avec le texte de ce *Document*, ni avec celui de Navarrete. D'après le *Document*, la
route, qui avait été S. O. le 5 Novembre (distance parcourue, 25 lieues), est
O. S. O. le 6 (distance parcourue, 14 lieues), pour reprendre le S. O. le 7 Novembre (distance parcourue, 25 lieues). Or, sur la carte, la route conserve, le
6 Novembre, la direction du 5, et c'est au 7 Novembre qu'est marqué le changement de direction du 6. Si, maintenant, on se reporte au texte de Navarrete, on
y voit, suivant ce qui vient d'être dit, qu'à partir du 5 la route devient O. S. O.
jusqu'au 14, où elle passe à l'Ouest.

Ainsi donc, le *Document* 28 et le tracé de sa Carte annexe ne s'accordent ni entre
eux, ni avec le texte original de Navarrete. Suivant celui-ci, le tracé de la carte

rocher de la Passion, une île et un rocher Clipperton. Mais, à son sentiment, et c'est l'idée générale qui forme l'avant-propos de la *Première Thèse* (pp. 11-13), ces différentes appellations doivent toutes s'identifier avec l'île, objet du litige actuel, que les navigateurs espagnols, après l'avoir découverte et appelée île de la Passion, ont désignée aussi sous le nom de Medano ou Medanos, dans deux documents de la fin du xviiie siècle.

Sous réserve du rôle attribué à la marine espagnole dans la découverte et dans le choix du nom d'île de la Passion, le Gouvernement Français se trouve ici d'accord avec la Partie adverse

---

précitée doit être sensiblement relevé, et passe à plus de trois degrés au Nord de Clipperton au lieu de ranger cette île.

La route ainsi rectifiée a été marquée sur une reproduction de la carte mexicaine précitée, qui forme aux pièces justificatives de ce Mémoire l'Annexe N° 2 (p. 177.)

« … 4° que, d'après les documents consultés, il apparaît que le Capitaine Cook, de la marine anglaise fut celui qui donna le nom de Clipperton à l'île de la Passion en reproduisant la fausse situation attribuée à l'île par l'Amiral Anson… » (« 4° que según los documentos aparece que el Capitán Cook de la marina inglesa, fué quien impuso el nombre de Clipperton á la isla de la Pasión, al reproducir la falsa situación de la isla acogida por el Almirante Anson… »)

Cette allégation, absolument erronée, ne tient compte ni de la carte jointe au livre de Betagh ni de la carte de Moll (M. F., pp. 110 et 111 et Annexe N° 46, pp. 505, 506) qui ont paru plus de quarante ans avant les expéditions de Cook. En outre, l'Annexe N° 46 du Mémoire Français reproduit sous le N° 9 un extrait d'une carte publiée de 1782 à 1783, c'est-à-dire après le retour de la dernière expédition de Cook, et intitulée : *A General Chart, Exhibiting the Discoveries made by Captⁿ Cook in this and his two preceding Voyages, with the Tracks of the Ships under his Command, By Lieut^t Roberts of His Majesty's Royal Navy.* Or, aucune île Clipperton ne figure sur cette carte qui porte seulement un peu au Nord de la latitude d'Acapulco une *«Passion I.».*

Que devient aussi avec cette assertion la citation que fait le Mémoire Mexicain (p. 18, N° 4) d'une carte publiée en 1754 par Pedro Gendron, c'est-à-dire quatorze ans avant la première expédition de Cook, et sur laquelle figure en sa position exacte une île Clipperton?

pour rapporter à l'île Clipperton actuelle les dénominations de
rocher Clipperton, d'île ou rocher de la Passion, en tant qu'il
ne s'agisse que de terres dont la situation réponde suffisamment
aux coordonnées de cet atoll [1]. Bien que, du côté mexicain,
on paraisse avoir renoncé à vouloir rattacher l'île Clipperton au groupe des Revilla Gigedo, il n'en semble pas moins,
puisque l'occasion s'en présente, à propos de rappeler qu'il y a
là une séparation qui s'impose (M. F., p. 162, alinéas 3 et 4).

En somme, ce que le Mémoire Mexicain entend par île Clipperton, c'est l'île que M. Le Coat de Kervéguen a observée par
10° 19′ de Latitude Nord et 111° 33′ de Longitude Ouest de
Paris (M. F., p. 10), que les Instructions Nautiques Françaises
(édition de 1906, M. F., p. 89) situent par la même longitude et 10° 17′ de Latitude Nord, et que les capitaines français
Michel Du Bocage et Deprud'homme ont, le 3 Avril 1711, reconnue et placée par 10° 25′, 10° 18′ à 19′ de Latitude Nord
et, en Longitude Ouest de Paris, par 115° 23′ et 110° 47′.

* * *

Le second paragraphe (pp. 13 à 15) est consacré à la recherche des droits historiques de l'Espagne et, dès le début, la
Partie adverse se trouve amenée à un aveu implicite de ca-
rence.

    « Les nombreux navigateurs espagnols ou au ser-
    « vice de l'Espagne », dit le Mémoire Mexicain, « qui,
    « à partir des premières années du seizième siècle,

---

[1] Pour ce qui est des noms de «Medano» ou «Medanos», voir ci-dessous,
pp. 55 et suiv.

« appareillèrent des ports d'Acapulco, Signatanejo,
« Santiago de los Caballeros et San Blas, et parcou-
« rurent dans toutes les directions la région appelée
« alors de la Mer du Sud, afin de découvrir de nou-
« velles terres, et d'étendre ainsi, selon les principes
« admis à cette époque, les domaines de l'Espagne [1],
« devaient [2] nécessairement trouver sur leur route
« l'île en question; surtout ceux qui, de la Nouvelle
« Espagne, allaient aux îles océaniques dites des
« Épices, ou en revenaient. Mais, en raison de
« la petitesse de l'île, qui était inhabitée, d'ap-
« proches très difficiles, et dont les richesses natu-
« relles (guano et phosphates) n'avaient pas alors de
« valeur, il n'y a pas à s'étonner s'il ne s'en trouve
« pas facilement mention dans les journaux des pre-
« miers navigateurs » (M. M., pp. 13, 3ᵉ alinéa, et
14, 1ᵉʳ alinéa) [3].

Tout d'abord, ces navigateurs furent-ils si nombreux, la
circulation entre l'Amérique et l'Océanie était-elle aussi active
que le donneraient à supposer les termes du Mémoire Mexi-

---

[1] On verra cependant plus loin (pp. 87, dernier alinéa, 88 et 89) que la
simple découverte ne suffisait pas.

[2] ...dovevano necessariamente trovare sulla loro rotta l'isole in questione
(M. M., p. 14, ligne 2.)

[3] Le *Document* N° 11, dont ce passage s'est inspiré, va plus loin; il affirme
que les navigateurs espagnols, dont il nomme même quelques-uns, touchaient
l'île en cours de route. Le *Diario Oficial* du 2 Juillet 1906 a purement et simplement reproduit ce texte (M. F., p. 52, 2ᵉ alinéa), qui revient maintenant dans le
Mémoire Mexicain, mais allégé et atténué, puisqu'il ne s'agit plus d'une assertion, mais d'une présomption qui n'en reste pas moins erronée.

cain? En somme, les expéditions se comptent. L'étude historique et géographique de M. Antonio Garcia Cubas (M. M.,
Document N° 11) n'en énumère que sept pour le xvie siècle.
On sait aussi que le galion de Manille ne faisait par an qu'un
voyage d'aller et retour (M. F., p. 155, alinéa 3). Mais, au
moins, quelqu'un de ces navigateurs a-t-il vu l'île dont il s'agit?
y a-t-il touché? Le Mémoire Mexicain ne se croit plus en mesure
de le dire (voir ci-contre p. 42, note 2); il se borne à indiquer
que l'île *devait* se trouver nécessairement sur leur route. Or on
croit avoir établi, dans le Mémoire Défensif Français (pp. 91,
92, 93, 156), d'une manière assez explicite pour qu'il ne soit
pas besoin d'y revenir, que cette terre se présentait comme
étant aussi bien en dehors des convenances nautiques de la
navigation espagnole que des voies suivies par elle. Et, s'il fallait même admettre que la route du Mexique aux îles des
Épices ait été en réalité moins excentrique aux parages de
Clipperton, le Mémoire Mexicain, dans son désir d'expliquer
pourquoi il n'est pas facile de trouver mention d'une terre correspondant à Clipperton sur les routiers espagnols, viendrait
encore confirmer tout ce qu'a dit le Mémoire Défensif Français
(p. 91) des raisons qui devaient éloigner de cette région du
Pacifique les bâtiments à voiles.

On est loin ici du *Document* N° 11 (*loco citato*) comme du
Diario Oficial du 2 Juillet 1906 (M. F., p. 52, alinéa 2 *in fine*),
qui semblent faire de Clipperton une des escales de la route
des Épices. Le Mémoire Mexicain paraît vouloir donner à supposer qu'on peut cependant trouver des journaux de bord où il
est parlé de Clipperton, et il a sans doute entendu viser ainsi
des relations du xvie siècle, puisque c'est l'époque dont il s'occupe ici. Mais on doit regretter que ces sources n'aient pas été

nommées. Jusqu'à présent, il n'a pas été possible de découvrir dans les Recueils de voyages antérieurs au xviiie siècle, qu'on a été à même d'examiner, quelque mention certaine d'une terre assimilable à l'île Clipperton. On a pu, notamment, constater le résultat négatif, à cet égard, de l'analyse qui a été donnée, dans le Mémoire Défensif Français (p. 467), des relations concernant les voyages maritimes cités au *Diario Oficial* du 2 Juillet 1906, et dont on voit maintenant que l'énumération avait été empruntée au *Document* N° 11. Par contre, — et ce rapprochement apparaîtra comme d'autant plus significatif à raison de leur voisinage relatif, — les îles, qui ont formé plus tard le groupe des Revilla Gigedo, ont un acte de naissance en forme, et, à partir de leur découverte, figurent, chacune avec son nom, dans la cartographie [1].

---

[1] Comme complément à ce qui a été dit dans le chapitre II du Mémoire Défensif Français pour établir que l'île Clipperton était en dehors de la route des galions, on se référera à l'ouvrage suivant : «Voyage autour du Monde fait «dans les années MDCCXL, I, II, III, IV, par GEORGE ANSON... tiré des Jour- «naux et autres Papiers de ce Seigneur et publié par RICHARD WALTER, Maître ès «Arts et Chapelain du *Centurion*. Traduit de l'anglais; à Amsterdam et à Leipzig «chez Arkstee et Merkus, MDCCLIX.» On sait que le marin anglais Georges Anson (1697-1762), qui fut élevé en 1747 à la pairie, et devint, de 1751 à 1756, Premier Lord de l'Amirauté, a commandé, de 1740 à 1744, une expédition chargée de ruiner les colonies espagnoles du Pacifique, et au cours de laquelle il s'empara, avec son navire le *Centurion*, du galion de Manille *Nuestra Señora de Cabadonga*. En outre d'un butin considérable, il trouva, à bord de sa prise, des documents relatifs au commerce et aux colonies de l'Espagne dans le Pacifique, et notamment une carte de cet Océan entre les Philippines et le Mexique. «C'est de cette carte», dit Anson, «sur laquelle le galion réglait sa navigation que je donne ici une copie corrigée en quelques endroits sur nos propres observations. J'y ai ajouté la route du galion tirée de son Journal et la route du *Centurion* dans cet Océan.»

La carte dont il s'agit se trouve en effet annexée à l'édition anglaise comme à l'édition française du voyage d'Anson. Ainsi que l'a relevé le *Document Mexicain*

Le Mémoire Mexicain cite cependant un document, le journal de navigation du capitaine de la marine espagnole Don

---

N° 11, l'île de la Passion figure sur cette carte dans une position erronée, par environ 16° L. N., avec la mention également inexacte : «découverte en 1715». Mais, et l'observation est importante, puisqu'il s'agit d'un document en quelque sorte officiel, on n'y trouve aucune trace d'une terre située sur le 10° parallèle, et dans les entours de la longitude de Clipperton, bien que nombre d'autres îles et, par exemple, celles du groupe des Revilla Gigedo y figurent.

On voit, en outre, sur cette carte, la route du galion décrire, à la sortie d'Acapulco, le crochet vers le S. O. qui avait déjà caractérisé la route de Saavedra (Annexe N° 2, p. 177), puis se tenir ensuite, comme ce navigateur, sensiblement au-dessus du 10° parallèle.

«En partant d'Acapulco», dit le voyage d'Anson (p. 196), «le Capitaine tâche «d'abord de gagner la latitude de 13 ou 14 degrés et dirige ensuite son cours sur «ce parallèle jusqu'à ce qu'il ait la vue de l'île de Guam, une des îles des Larrons.» D'ailleurs c'est exactement cette route que donne la ligne ponctuée portée sur le croquis N° 8 annexé au *Document Mexicain* N° 28 comme correspondant à ce parcours des galions.

La route d'Anson a été aussi figurée sur la carte dont il s'agit. Il en résulte que le marin anglais a été plus au Sud que le galion, et a passé plus près que lui de l'île Clipperton, sans cependant s'en être rapproché autant que le représenterait la ligne figurée sur la carte N° 8, annexée au *Document Mexicain* 28. Ce tracé a été rectifié en conséquence sur l'Annexe 2 au présent Mémoire (p. 177). On a vu plus haut (p. 39 en note) qu'un redressement analogue s'est déjà imposé pour l'itinéraire de Saavedra. Il est, à ce propos, assez remarquable qu'Anson, bien que connaissant probablement la découverte attribuée à son compatriote de l'île Clipperton, ne semble pas s'être préoccupé de reconnaître cette terre, car il n'en fait aucune mention.

On constatera enfin l'absence de toute indication d'une terre pouvant se rapporter à l'île Clipperton, dans l'ouvrage intitulé : *Navegación Especulativa y Practica*, par l'Almirante *D. Joseph Gonzalez Cabrera Bueno*, Pilote Major de la *Carrera de Philippinas*. Ce traité, imprimé à Manille en 1734, semble pouvoir être considéré comme donnant des instructions officielles pour la navigation espagnole d'outre-mer.

Après avoir décrit et expliqué des instruments en usage pour la navigation, donné des tables de déclinaison, et fait l'exposé de diverses méthodes de navigation, Bueno établit la liste des îles qui se rencontraient entre les Philippines et Acapulco, à l'aller comme au retour, et nomme, au nombre de ces dernières,

Alvaro de Saavedra Ceron, envoyé en 1527 par Fernand Cortez aux îles Moluques, mais, et il faut le noter, il ne s'agit pas pour la Partie adverse d'y rechercher une mention précise de découverte ou de prise de possession. Le Mémoire Mexicain, qui se contente de placer, à l'origine des droits auxquels il prétend, cette hypothèse que Clipperton *devait* se trouver sur la route des marins espagnols, ne demande donc pas au document dont il fait état la preuve directe d'une découverte espagnole. De ce Journal de bord, on peut, est-il dit,

« conclure avec toute probabilité que l'île a été « découverte dès les premiers voyages faits par les « Espagnols aux îles Moluques ; c'est un document « qui établit, ou dont il est tout au moins permis de « conjecturer la date et le mode de découverte de « l'île (M. M., p. 14, alinéa 2).

. . . .

. . . .

« Parti du port de Signatanejo le 31 Octobre « 1527 », poursuit le Mémoire Mexicain, « Saave-« dra, le 16ᵉ jour de navigation, soit le 15 No-« vembre, se trouva, ainsi qu'il résulte des directions « suivies et des distances parcourues, dans les parages

---

Roca Partida, l'Isla de Paxaros, Ulloa, la Desgraciada, la Mesa ou la Mira, los Monges, etc. (p. 276). L'auteur analyse ensuite, dans le détail, un certain nombre de routes maritimes, parmi lesquelles celles de Cavite à San Bernardino et à Acapulco (p. 292); d'Acapulco à San Bernardino et à Cavite (p. 296); du cap Mendocino à Acapulco (p. 301); de Panama à Acapulco (p. 322). Aucune allusion n'y est faite, en un endroit quelconque, à une terre située dans les parages de Clipperton.

«de notre île. *Ce jour*, dit le Journal, p. 466,
«*parurent beaucoup d'oiseaux et de volatiles de terre et*
«*d'indices de son approche.* Sur la carte N° 8 annexée
«au document 28, l'ingénieur Antonio Garcia Cubas,
«Chef du Bureau des Frontières, au Ministère des
«Affaires Étrangères du Mexique, a tracé la route de
«Saavedra, de laquelle il résulte que la terre signa-
«lée le 15 Novembre 1527 répond à la position
«géographique de l'île, vu qu'elle ne pouvait se
«référer à aucune autre terre, toutes étant trop
«loin du lieu où se trouvait alors le marin espagnol »
«(*Document* N° 28 [1]. — Voir M.M., p. 14, alinéa 3).

On remarquera tout d'abord dans cet extrait qu'aucune
terre n'y est signalée comme ayant été rencontrée par Saavedra. Il est seulement question d'indices d'une terre et particulièrement d'oiseaux. Or Sir Edward Belcher, dont on a déjà
cité le voyage dans le Mémoire Défensif Français (p. 459,
alinéa 1er et la note correspondante), après avoir constaté dans
son journal que l'île Clipperton était couverte de certaines
espèces d'oiseaux déjà observés en grand nombre la semaine
précédente, à 500 milles au moins dans l'Est, ajoute cette
remarque : «Il ne s'ensuit donc pas que, tout naturellement,
«comme l'ont mentionné quelques écrivains, l'apparition d'oi-

----

[1] Voir ci-dessus, p. 39 en note, les indications relatives à l'itinéraire de Saavedra. Il est à remarquer que, d'après Navarrete (*op. cit*, T. V., p. 446, dernier
alinéa), Saavedra avait reçu des instructions très précises au sujet des découvertes
qu'il pouvait faire au cours de son voyage. Il devait les enregistrer soigneusement
et en rendre compte; il n'aurait donc pas manqué, s'il avait vu l'île dont il s'agit,
de le noter. Il lui était d'ailleurs prescrit d'en prendre solennellement possession
(*Ibid.*, p. 453, dernier alinéa).

« seaux dénote une terre dans la direction du vent; ces derniers
« sont plus probablement guidés par la marée. »

Cette observation prend ici d'autant plus de valeur que,
comme on peut le voir (p. 39 en note, et Annexe n° 2, p. 178),
Saavedra ne se trouvait pas, le 15 Novembre, dans les entours
de Clipperton, mais bien à plus de trois degrés et demi
au-dessus vers le Nord, et que, pendant toute cette journée
du 15, chaque nœud parcouru l'éloignait dans la direction de
l'Ouest de la longitude de l'île, qu'il avait atteinte le 13 et dépassée dès le 14 (distance parcourue 42 lieues).

Ainsi, Saavedra n'a pas passé auprès de Clipperton.
Mais, à supposer même que sa route l'ait porté plus au Sud,
un fait ressort nettement de son Journal, c'est qu'il n'a vu ni
même aperçu aucune terre dans ces parages. Le Mémoire Mexicain se contente, d'ailleurs, de noter qu'il y a eu ce jour-là des
indices de terre; rien de plus. Comment, dès lors, arrive-t-il à
en déduire, non seulement une vraisemblance de découverte de
l'île dont il s'agit par des navigateurs espagnols, mais encore à
y démêler le mode et la date de cette découverte ? Il semble que
la Partie adverse n'a pas développé complètement sa pensée[1].

Comment aussi parler de découverte et de droits qui s'y
seraient attachés ? La formule la plus large du droit de découverte avait été d'admettre l'acquisition *oculis et affectu*. Mais, ici,
on irait plus loin, ce serait l'acquisition *nec oculis nec affectu*. On
découvrirait une île, on l'acquerrait sans le vouloir, ni sans le
savoir; il suffirait d'avoir eu quelques chances d'en faire la rencontre en cours de sa route[1] !

---

[1] Du reste, comme on l'a vu à la page précédente (note 1, il était enjoint
à Saavedra de prendre solennellement possession des terres qu'il découvrirait.

Dans tout le seizième siècle, la Partie adverse n'a donc pu trouver, à l'acquit de sa thèse, qu'un court passage duquel il résulterait tout au plus qu'un navigateur espagnol a peut-être passé assez près d'une île qu'il n'a pas vue, qu'il n'a même pas cherché à voir, et dont il ne s'est nullement préoccupé. Et c'est cependant sur cette circonstance fortuite que le Mémoire Mexicain édifie sa thèse, ses droits historiques ! Géographiquement, que peut valoir une semblable découverte, pour employer les termes du Mémoire Mexicain ? Et, dès lors, si la découverte n'a pas eu lieu, quelle conséquence juridique en peut-on vouloir tirer ? On reviendra sur ce point, mais la conclusion ne se présente-t-elle pas dès maintenant ?

Enfin, on ne doit pas perdre de vue que le Gouvernement Français dispose, lui, d'un double procès-verbal de découverte, concordant, précis, descriptif, et authentique.

* * *

Voilà donc pour la Partie adverse le bilan du seizième siècle, c'est-à-dire de la grande époque des explorations espagnoles.

Dans le paragraphe qui suit (pp. 15-18), le Mémoire Mexicain continue son enquête, mais il passe brusquement à la seconde moitié du xviii° siècle.

Cependant, il s'était produit en 1705 et en 1711, avec les voyages de Clipperton et l'expédition de *La Princesse* et de *La Découverte* (M. F., Chapitre II), des faits dont la Partie adverse avait, ou pouvait avoir connaissance, comme on l'a montré plus haut, et qu'on ne saurait laisser écarter par voie de prétérition.

Le Mémoire Mexicain change ici, il est vrai, de terrain. Sans transition, il abandonne la question de découverte, qu'il ne peut cependant vraiment considérer comme réglée, pour entrer dans un autre ordre d'idées.

> « Au dix-huitième siècle », dit-il, « l'île est désor-
> « mais très connue des navigateurs espagnols, elle
> « fait partie du ressort du Tribunal Royal du Consu-
> « lat du Mexique, et apparaît dans les documents,
> « soit avec le nom d'île de la *Passion*, soit avec celui
> « d'île de *Medano* ou *de los Medanos*, ou avec son nom
> « actuel de *Clipperton.* » (P. 15.)

Il eût été certainement intéressant d'avoir quelques détails sur cette évolution qui, au cours de deux siècles, aurait fait d'une île, dont le Mémoire Mexicain n'a pu mettre la découverte à l'actif d'aucun des navigateurs espagnols du xvi⁰ siècle, une dépendance classée et notoire du domaine de l'Espagne. Mais, à l'appui de cette partie de sa Thèse, le Mémoire Mexicain ne cite que des documents postérieurs à la première moitié du xviii⁰ siècle et qui n'apportent aucune lumière sur les époques précédentes.

Ce sont :

Un extrait du Journal du Pilote Don José Camacho (1780-1783). C'est la pièce déjà visée dans le Mémoire Défensif Français (p. 157).

Une carte géographique *ancienne*, conservée en original dans les archives de la Société Mexicaine de Géographie et de Statistique. Le titre en est : *Plano geográfico de la America septentrional entre los paralelos de la linea equinoccial y 73 de latitud y entre los meridianos n⁰ 50 y 165 g. occidental de Paris. Dividese en provincias eclesiasticas y estas en gobiernos politicos y militares, con sus respec-*

tivos colores cada uno. Esta formada sobre las mejores cartas impresas y manuscritas y noticias originales para uso del Real Tribunal del Consulado de Mexico, siendo Prior y Consules los Señores Don Francisco de la Cotera y el Teniente Colonel don Gabriel Iturbide y Don Juan Francisco Meoqui (croquis n° 3 annexé au *Document* N° 11).

Trois cartes sur lesquelles, dans la position correspondant à l'île de la Passion, se trouve une île désignée sous le nom d'île de Medano ou Medanos, c'est-à-dire :

1° Une carte du voyage, fait en 1769-70 de San Blas aux Philippines, par Don Francisco Xavier Estorgo Gallegos. Une « Isla de Medano » y est marquée par 9° 45′ environ de Latitude Nord et par une longitude correspondant à 108° 26′ Greenwich [1] (*Document* N° 38 avec photographie et carte annexées);

2° Une carte, dressée en 1773 par le premier pilote Don José Basquez. Une « Isla de Medano » y figure par 10° 15′ de Latitude Nord et une longitude correspondant à 109° 20′ Ouest de Greenwich [2] (Annexe 6 au *Document* 11).

3° Un plan, levé en 1781 pour l'usage de Don Juan Baptista Aguirre. Une *Isla Medanos* s'y trouve par 10° Latitude Nord et une longitude correspondant à 108° 26′ Ouest de Greenwich [3] (Annexe 7 au *Document* 11).

---

[1] Soit 110° 46′ 14″ longitude Ouest de Paris.

[2] Soit 111° 40′ 14″ longitude Ouest de Paris.

[3] Soit 110° 46′ 14″ longitude Ouest de Paris. Tous ces chiffres accusent de légères différences avec ceux auxquels ont conduit les mensurations opérées sur les cartes remises par la Partie adverse (voir, ci-dessous, p. 57, note 1).

4.

Enfin, on relève sur une carte de 1754, due à Pedro Gendron, que l'île dont il s'agit se présente avec le nom d'île Clipperton.

On se propose d'examiner et de discuter successivement, dans les lignes qui vont suivre, ces différents documents. On réservera toutefois, pour la fin, la carte du Consulat du Mexique, qui, dans le Mémoire Mexicain, est citée entre le Journal de Camacho et les cartes d'Estorgo, de Basquez et d'Aguirre. Cependant, au point de vue chronologique, cette carte « ancienne » vient en dernier rang, puisqu'elle date de 1820 (M. M., *Document* n° 11).

.En ce qui concerne le Journal du Pilote Camacho, la Partie adverse y voit la preuve que, d'une part, l'île de la Passion était parfaitement connue à cette époque des marins espagnols et, d'autre part, que cette île avait acquis une véritable notoriété géographique. Mais il n'y a là rien que de très naturel. Ce qui eût été, au contraire, pour étonner, c'est qu'à bord d'un navire placé sous les ordres d'un Commandant comme de la Bodega y Quadra, on eût, en 1781-1783, ignoré l'existence de l'île de la Passion, alors que, depuis vingt années, elle était entrée dans le domaine de la science géographique. Dans le Mémoire Défensif Français, on s'est restreint à quelques échantillons de la cartographie de l'époque (M. F., annexe 46 pp. 503 et suivantes, cartes n°s 4, 4 *bis*, 5, 6 et 8). Mais, à partir de 1742, jusqu'à l'époque du voyage de Camacho, on trouve au moins une quinzaine de cartes émanant de géographes français, et surtout de Bellin et de Nonin, sur lesquelles l'île de la Passion « découverte en 1711 » est inscrite sur le 10e parallèle.

Parmi ces planisphères figure, sous la date de 1766, une mappemonde de Desnos, dédiée à S. M. Charles III. De même, il n'est pas surprenant que Pedro Gendron ait eu à sa disposition des cartes où apparaissait le nom d'île Clipperton (M. F., pp. 505 et suivantes, cartes n°s 2 et 3).

Quant aux origines de ces deux noms, on les connaît par les détails donnés à ce sujet dans le Chapitre II du Mémoire Défensif Français, et qu'on a eu déjà occasion de rappeler au cours du présent Mémoire de Réplique. C'est maintenant une question hors de cause que, par exemple, le nom d'île de la Passion date du 3 Avril 1711, et a pour auteurs les capitaines français Martin de Chassiron et Michel Du Bocage. Ainsi tombent d'elles-mêmes les conjectures ou les conséquences que le Mémoire Mexicain a tenté de rattacher à une intervention supposée des navigateurs espagnols dans cette désignation.

Mais, avant de quitter le Journal de Camacho, il conviendra d'y constater que c'est sous le nom d'île de la *Passion*, et avec sa situation sur le 10ᵉ parallèle Nord, que l'île en question avait acquis dans la Marine espagnole la notoriété dont fait état le Mémoire Mexicain[1] (voir ci-dessous p. 60, dernier alinéa).

---

[1] En se reportant à la teneur de ce Journal, telle qu'elle est reproduite dans la copie certifiée et sur la photographie qui sont annexées au *Document* n° 11, on constate une erreur de copie à la deuxième ligne de l'extrait inséré à la page 15 du Mémoire Mexicain. Le Mémoire Mexicain porte : «Del domingo 20 de Abril al Lunes 21 de 1783. Con el dicho viento por el *Oesnoroeste*, se sigue el rumbo... (avec ledit vent par l'*Ouest-Nord-Ouest*, nous suivons la direction...). Or, ce n'est pas *Oesnoroeste*, mais *Lesnordeste* (Est-Nord-Est) qu'il faut lire, suivant la copie certifiée et la photographie précitées dudit Journal. Il a d'ailleurs été fait de ces textes originaux une étude qui, comme on va le voir, a amené à rectifier quelque

Viennent maintenant les trois cartes d'Estorgo[1], de Basquez et d'Aguirre, où apparaît une île de *Medano* ou de *Medanos*.

---

péu le tracé figuré sur la carte mexicaine n° 8 annexée au *Document* n° 28 (voir, ci-dessous, Annexe n° 2, p. 177).

D'après son Journal de route, le pilote José Camacho se serait trouvé aux points suivants (méridien de Ténériffe):

$$
\begin{array}{lll}
\text{Le 21 Avril 1783} \dots\dots\dots & \left\{ \begin{array}{l} \text{Latitude } 10°5' \dots\dots \\ \text{Longitude } 272°10' \dots\dots \end{array} \right\} & \text{Estimée.} \\
\text{Le 22 Avril 1783} \dots\dots\dots & \left\{ \begin{array}{l} \text{Latitude } 10°53' \dots\dots \\ \text{Longitude } 271°1' \, 1/2 \dots \end{array} \right\} & \text{Observée.} \\
\text{Le 24 Avril 1783} \dots\dots\dots & \left\{ \begin{array}{l} \text{Latitude } 11°17' \dots\dots \\ \text{Longitude } 270°6' \, 1/2 \dots \end{array} \right\} & \text{Observée.}
\end{array}
$$

Ces positions, ramenées au méridien de la carte Mexicaine, diffèrent d'environ deux degrés en longitude du tracé Mexicain; elles ont été reportées à la carte formant l'Annexe n° 2 du présent Mémoire (p. 177), et concordent bien avec les routes indiquées en degrés, les distances parcourues et les différences avec l'estime.

Les directions approximatives indiquées à la date du 20 Avril sont :

Pour le vent : Est-Nord-Est;

Pour la route : Ouest-Nord-Ouest.

POSITION ESTIMÉE DE L'ÎLE DE LA PASSION.

Le Journal dit :

Pour le 21 Avril : l'île de la Passion reste à l'Ouest à 56 lieues 2/3.

Pour le 23 Avril : l'île de la Passion demeure au Sud-Ouest, quatrième aire au Sud, distance 27 lieues.

Les distances sont également bien concordantes à la condition de compter la lieue à 20 au degré (lieue marine) au lieu de 25 au degré (lieue géographique), ainsi que l'indique la carte.

Dans ces conditions, José Camacho aurait supposé l'île de la Passion par

Latitude 10°05'

Longitude 109°40' Ouest de Paris.

c'est-à-dire à environ 2° à l'Est de la position vraie de Clipperton, quelles que soient, d'autre part, les erreurs commises sur les longitudes (non observées) de ses positions successives, puisqu'il ne voyait pas l'île.

[1] A la carte du voyage d'Estorgo, le Mémoire Mexicain a joint (*Document* n° 38) la relation de cette expédition. L'analyse de la route suivie, telle qu'elle est indiquée dans le journal de bord, n'a permis d'y relever aucune indication, ni même

On croit ici qu'il convient, dans une instance, dont l'objet est la recherche commune et loyale de la vérité, de verser au débat deux documents venus, entre temps, à la connaissance du Gouvernement Français, sans qu'il semble, d'après le Mémoire Défensif Mexicain, que leur existence se soit révélée à la Partie adverse.

Ce sont :

En premier lieu, une carte de l'Océan Pacifique, conservée à la Bibliothèque Royale de Stockholm, sans nom d'auteur ni date, mais qui y est considérée comme ayant été dressée à Manille, entre 1716 et 1720; cette carte porte par 8° 50′ de Latitude Nord, et 115°30′ Longitude Est de San Bernardino (soit 123° 5′14″ Ouest de Paris) une Isla de Medanos;

En second lieu, la planche 10 (Océan Pacifique) d'un Atlas

---

aucune allusion à une île de la Passion ou à une île de Medano. D'ailleurs, d'après la carte annexée au Document Mexicain 38, Estorgo, à sa sortie du golfe de Californie, est remonté le long de la côte, jusqu'à environ 30° 1/2 de Latitude Nord, et s'est tenu à cette hauteur jusque vers le 35° degré de Longitude Est du méridien de l'embouchure du San Bernardino, d'après lequel est établie la carte (environ 121° Longitude Est de Paris). A ce moment, Estorgo s'est dirigé obliquement, pour atteindre l'embouchure du San Bernardino, aujourd'hui détroit de San Bernardino (Embocadero de San Bernardino), située, d'après Burney, par environ 123°45′ E. de Greenwich (soit 121°24′46″ E. de Paris), entre les îles Samar et Camarines, dans l'Archipel des Philippines.

On voit, d'après son Journal, qu'Estorgo aurait été chargé de la remise au Gouverneur des Philippines de plis royaux très secrets, dont l'exécution a amené l'embargo sur les établissements des Jésuites. Sa mission n'a donc, à aucun point de vue, rien à faire avec l'objet actuel du débat, et on ne se rend pas compte du motif qui a amené la Partie adverse à joindre à son Mémoire le texte du Journal d'Estorgo, à moins qu'il ne s'agisse de confirmer ce qui a été dit, au cours du Mémoire Défensif Français (p. 139), du délabrement où, à cette époque, paraissait être tombée la Marine espagnole dans l'Océan Pacifique. Le Journal d'Estorgo n'est, pour ainsi dire, qu'un long cri de misère.

manuscrit conservé à la Bibliothèque Royale de La Haye et intitulé *Idrographiæ nova descripcio*, avec cette mention : «Antonio Sanchez afes em Lixboa, ano 1641», où se trouve, par 10° de Latitude Nord, et dans l'alignement de la pointe de la presqu'île de Californie, une île appelée *Farellon Blanco*.

Examinées dans leur détail et comparées entre elles, les trois cartes citées par le Mémoire Mexicain, et celle de la Bibliothèque de Stockholm pourraient prêter à certaines critiques. Ainsi, pour se restreindre à la zone dont s'occupe le présent Mémoire, on sera frappé du caractère sommaire de la carte de Basquez qui, de même que la carte de la Bibliothèque de Stockholm, ne trouve à mentionner que les îles Medano et Socorro, et cette île Socorro est encore la seule que connaisse la carte d'Estorgo du groupe des Revilla Gigedo.

Biens que moins incomplète, la nomenclature de cet archipel est encore insuffisante chez Aguirre. Enfin, sur la carte portugaise, se trouve accolée à Farellon Blanco, une Ysla de San Pedro qui n'a jamais existé à cette place.

Il serait permis aussi de faire remarquer que le nom de Medano (dune), et à plus forte raison celui de Medanos, ne convient pas au rocher de Clipperton[1], et s'appliquerait mieux à un simple atoll. Par contre, les mots de Farellon Blanco, de

---

[1] Voici, en traduction, ce que dit à ce propos le *Diccionario de la Lingua Castellana extractado del Diccionario Enciclopédico* (Paris, Garnier Hermanos, 1897) : *Médano* (du latin «Meta») = Duna : monticule de sable presque à fleur d'eau, dans les endroits où la mer a peu de fond ;

Puis :

Duna (du flamand «Duyn») : chacun des monticules de sable qui se forment en certains endroits sur les rivages ou à proximité de la mer (s'emploie plus fréquemment au pluriel).

la carte portugaise (Rocher Blanc), seraient ici à leur place. L'expression a, toutefois, le tort d'être un terme générique, un signalement géologique plutôt qu'un nom propre dans la vraie acception du mot. On relève beaucoup de *Farellon* dans l'ancienne hydrographie du Pacifique, ne serait-ce par exemple, que le cap Farellon Blanco, qui se trouve à peu près sous la même latitude, à l'entrée du golfe de Nicoya et dont l'aspect, d'après les Instructions Nautiques Françaises (Édition 1905, p. 81, ligne 13), rappelle du large celui d'une île.

D'autre part, en admettant que la carte de la Bibliothèque de Stockholm, sur laquelle se rencontre pour la première fois le nom de Medano, ait été établie entre 1716 et 1720, faut-il considérer comme inadmissible qu'à ce moment on ait eu, à Manille, connaissance de l'expédition de *La Princesse* et de *La Découverte* qui, en se rendant en Chine, avaient touché à Guam (îles Mariannes) et, à leur retour, avaient passé au moins deux années à caboter sur les côtes de l'Amérique espagnole du Pacifique (M. F., p. 463)[1] ?

---

[1] On doit être, en effet, frappé de la singulière concordance qui se manifeste, pour la position de l'île Medano, avec celle qu'ont assignée les deux capitaines français à l'île de la Passion, surtout en ce qui concerne les cartes d'Estorgo, de Basquez et d'Aguirre.

		LATITUDE NORD.	LONGITUDE OUEST DE PARIS.
		—	—
Île de Medano ou *Medanos*	Carte de la Bibliothèque Royale de Stockholm..	8° 50′	123° 5′ 14″
	Carte d'Estorgo.........	9° 2′	113° 35′ 14″
	Carte de Basquez.	10° 20′	114° 37′ 14″
	Carte d'Aguirre.........	10°	113° 35′ 14″
Île de la Passion..	D'après du Bocage......	10° 25′	115° 23′
	D'après Deprud'homme..	10° 18′ à 19′	110° 47′
	D'après les *Instructions Nautiques* (1905) (M. F., p. 128).........	10° 17′	111° 33′

On remarquera l'écart de 10 degrés qui se manifeste en longitude entre la

Doit-on aussi exclure absolument que, quelques années auparavant, on ait entendu parler du voyage de Clipperton qui, à son retour, avait traversé les Philippines et séjourné dans les possessions hollandaises (M. F., p. 107)?

Quoi qu'il en soit, il ressort de ce qui précède qu'en 1641, sur une carte portugaise, puis entre 1716 et 1720(?), sur une carte espagnole, il est fait mention d'une terre placée dans une position correspondant suffisamment à celle de l'île actuellement en question, et dont le nom est différent de ceux sous lesquels elle est actuellement connue.

Mais y a-t-il là une circonstance dont la thèse mexicaine soit habile à tirer parti? On ne le pense pas.

Tel qu'il se manifeste, le fait reste dans le domaine de la curiosité rétrospective ou de l'érudition; il demeure, en dernière analyse, sans valeur au point de vue juridique.

Une découverte, pour produire des conséquences en droit,

---

carte de la Bibliothèque de Stockholm et les trois autres cartes espagnoles. Cette particularité a été relevée et commentée par Burney (A Chronological History of the Discoveries in the South Sea), sous le titre *Islands of doubtful authority* (T. V. p. 157), pour la partie occidentale de la carte trouvée par Anson à bord de *La Nuestra Señora de Cabadonga*. Burney est tenté d'y voir une faute de copie ou d'assemblage. Mais, à cette époque, les erreurs de longitude étaient fréquentes. Aussi, est-on d'autant plus amené à remarquer l'accord qui règne entre les autres observations. Que les cartes d'Estorgo, de Basquez et d'Aguirre, qui sont presque contemporaines, reproduisent entre elles presque les mêmes coordonnées, il n'y a là rien qui doive surprendre. Mais il est assez remarquable que ces trois documents se tiennent entre les chiffres donnés soixante ans auparavant par les deux capitaines français. D'ailleurs, à l'époque de laquelle datent ces trois cartes, tout un ensemble de documents cartographiques français faisaient figurer l'île de la Passion à la place que lui assignent les Journaux de bord de *La Découverte* et de *La Princesse*, en mentionnant qu'elle avait été découverte en 1711 (voir ci-dessus p. 52, alinéa 3).

et même pour être enregistrée par la science géographique,
doit, en effet, avoir un état civil et se présenter sous l'autorité
d'un parrain bien déterminé. Tel est, par exemple, le cas pour
l'île de la Passion.

Il ne suffit pas qu'une carte fasse mention, sans autres explications ni références, d'une terre inconnue jusque-là, pour que
cette terre acquière droit de cité ou de nationalité dans le fonds
commun des explorations. Ainsi, par exemple, et comme on a
eu occasion de le noter dans le Mémoire Défensif Français
(p. 452, note *in fine*), on ne voit plus figurer dans la cartographie moderne des îles que les cartes anciennes plaçaient à
l'Ouest du groupe des Revilla Gigedo. Deux de ces îles, la *Desgraciada* et *Los Monges*, se retrouvent avec une autre, la *Mesa*
ou la *Mira*, sur les routiers de Cabrera Bueno, comme étant
sur la route du galion de Manille, entre Acapulco et les Philippines (*op. cit.*, p. 276) [1].

Cependant, aujourd'hui qu'on est disposé à les identifier avec
les îles Sandwich, on ne les considère comme n'ayant été vraiment découvertes qu'en 1778 par Cook, qui les décrivit et en
détermina exactement la position [2].

Dans cet ordre d'idées, on ne saurait ne pas être frappé du
caractère accidentel que revêtent les appellations de *Farellon
Blanco* et de *Medano*. S'il y avait eu, dans la Marine espagnole,
la tradition bien assise de l'existence d'une terre dans ces parages, il semble qu'un vocable déterminé aurait dû s'y attacher.
Or, autant qu'on peut le savoir, le nom de Farellon Blanco ne

---

[1] Voir ci-dessus p. 45, en note, dernier alinéa.
[2] *Die Inseln des Stillen Oceans,* par CARL MEINICKE, Leipzig, 1875-1876.
Zweiter Theil, p. 271.

se représente plus : de même celui de Medano n'apparaît que dans les quatre circonstances précitées ; il n'est inscrit ni sur la carte d'Anson, ni dans l'ouvrage de Cabrera Bueno qui avait, on le croit, une sorte de caractère officiel.

Les géographes hollandais qui, au xviie siècle, occupaient une situation prépondérante, ne reproduisent pas le *Farellon Blanco* de la carte portugaise de 1640. Sur aucun des différents Atlas du xviie siècle qu'on a été à même de consulter (Hondius, Pieter Goos, Blaheu, Jaillot, Van Keulen, Nicolas Vischer), il n'a été relevé mention d'une terre dans les parages de Clipperton, et le journal de *La Princesse* en constate formellement l'absence (M. F., p. 124, avant-dernière ligne). Par contre, les découvertes des navigateurs espagnols, par exemple pour ce qui concerne les îles formant aujourd'hui le groupe des Revilla Gigedo, sont soigneusement enregistrées et reproduites.

De même le nom de « Medano », ou « Medanos », reste ignoré, alors que ceux d'île Clipperton, d'île de la Passion, cette dernière avec la mention de sa découverte en 1711 (voir ci-dessus p. 52, alinéa 3), forment le fonds commun de la cartographie du xviiie siècle. Ce n'est qu'à partir de cette époque, et sous l'une de ces deux désignations, que l'île dont il s'agit acquiert une notoriété géographique pour les marins espagnols eux-mêmes : le Mémoire Mexicain va le prouver. S'il en était autrement, si le terme de « Medano » devait bien s'appliquer à l'île dont il s'agit, si vraiment il se rapportait à une tradition de la Marine espagnole, pourquoi, dans son voyage de 1781-1783, alors que, sur les cartes récentes d'Estorgo, de Basquez et d'Aguirre, figurait l'île Medano, le pilote royal José Camacho l'appelle-t-il île de la Passion (voir ci-dessus, p. 53, dernier alinéa) ? Il paraît inutile d'insister.

D'ailleurs, en admettant même que le voyage de Clipperton, que les expéditions de *La Découverte* et de *La Princesse*, que toute la cartographie du xviiie siècle, ne soient que des fictions et que, finalement, l'île dont il s'agit ait été connue tout d'abord des marins espagnols, ce fait ne serait pas de nature, dans les conditions où il se présente, à améliorer la situation juridique de la Partie adverse. On verra plus loin (p. 87, alinéa 3) que le Gouvernement Espagnol a désavoué solennellement toute prétention à une souveraineté de principe sur l'Océan Pacifique et ses îles; qu'il a proclamé que la simple découverte ne suffisait pas, à ses yeux, pour l'incorporation, *ipso facto*, d'une terre dans son domaine colonial [1]. C'est ainsi, par exemple, que les îles Marquises, dont la découverte est due sans conteste à Mendana, en 1594, ont pu être annexées par la France au milieu du siècle dernier. De même, l'archipel des îles Sandwich, bien que sur la route du galion de Manille (voir ci-dessus, p. 59), après avoir constitué d'abord un état autonome, appartient maintenant aux États-Unis de l'Amérique du Nord, Et, de fait, on peut dire que le pavillon espagnol a été le premier à visiter une grande partie des terres de l'Océan Pacifique. Dès lors, si l'Espagne avait considéré le simple fait de la découverte comme suffisant à l'acquisition de la souveraineté, comment expliquer que son domaine y ait subi des limites et qu'elle les ait acceptées ?

Il est, du reste, aisé de comprendre ce désintéressement apparent. Ce qu'on a cherché d'abord autrefois, ce furent les épices, certaines marchandises exotiques rares et des métaux précieux. Quant à des produits d'usage industriel ou agricole,

---

[1] Voir aussi ci-dessus les instructions de Saavedra (p. 47, note 1).

dont on fait aujourd'hui grand cas, ils n'avaient pas de valeur. Le Mémoire Mexicain a noté justement (p. 14, ligne 6) qu'à la grande époque de la navigation espagnole l'utilité des gisements de phosphates était ignorée. Se fût-elle présentée dans des conditions meilleures pour la navigation, une île comme Clipperton n'eût été d'aucun intérêt, et le Gouvernement Espagnol n'aurait eu cure de s'en embarrasser.

Même dans l'hypothèse où l'île dont il s'agit serait entrée dans le domaine espagnol, on ne voit pas non plus pour quel motif elle aurait été nécessairement rattachée au Vice-Royaume de la Nouvelle Espagne, qui est devenu le Mexique. Clipperton, on l'a dit au Mémoire Défensif Français (p. 95), est un atoll, que sa formation rattache, en somme, au système océanien.

En tout cas, la Partie adverse aurait dû produire des documents où l'île de la Passion apparaîtrait comme une dépendance du Mexique. Or la seule pièce qu'elle ait présentée, c'est-à-dire la carte de l'Amérique septentrionale, où le Mémoire Mexicain a voulu trouver la preuve que cet atoll faisait partie du ressort du Tribunal du Consulat du Mexique, contredit au contraire, directement, une pareille assertion.

Il s'agit, comme on l'a vu, d'une *carte ancienne* dont le titre, reproduit ci-dessus en langue espagnole (p. 50, alinéa 6), donne en traduction le libellé suivant : *Plan géographique de l'Amérique septentrionale entre les parallèles de la ligne équinoxiale et du 73ᵉ degré de latitude et entre les méridiens nᵒˢ 50 et 165 Ouest de Paris. Divisé en provinces ecclésiastiques et celles-ci en gouvernements politiques et militaires, chacune avec sa teinte respective. Établi d'après*

les meilleures cartes imprimées ou manuscrites ou sur des pièces ori-
ginales pour l'usage du Tribunal du Consulat Royal du Mexique, étant
Premier et Consuls les sieurs Don Francisco de la Cotera et le Lieu-
tenant-Colonel Don Gabriel Iturbide et Don Juan Francisco Meoqui.
Et, si on se réfère au « croquis » extrait de cette carte, qui est
annexé sous le n° 3 au *Document* Mexicain n° 11, on y voit
s'étendre, dans le coin de droite, en haut, une section de la côte
mexicaine coloriée avec une teinte plate verte, en même temps
que sur le 10ᵉ parallèle Nord, par environ 109° de Longitude
Ouest de Paris, se présente une île de la Passion, teintée en
vert et de même nuance que le continent. Cette dernière circonstance emprunte une valeur particulière à cet énoncé du
titre, que chaque subdivision a sa couleur spéciale [*con sus respectivos colores cada uno*] (p. 50, dernière ligne).

Aussi le Mémoire Mexicain, après avoir annoncé qu'on se
trouve en présence d'un document ayant un caractère officiel,
conclut que

> *la juridiction du Tribunal Royal du Consulat du*
> *Mexique s'étendait sur l'île en question et qu'elle était*
> *aussi expressément considérée comme faisant partie des*
> *possessions espagnoles* (M.M., p. 17, ligne 9).

En examinant les choses de plus près, on est amené à des
constatations très différentes.

D'abord, cette carte *ancienne* date de 1820. C'est ce qui
résulte du *Document* Mexicain n° 11 [1] et ce que confirme l'ar-

---

[1] « *Entre las cartas geográficas que la citan existe la ya mencionada de la Sociedad
de Geografía y Estadística, formada en 1820, en vista de los mejores mapas y
datos autenticos, como en la misma se expresa...* » (Traduction : « *Parmi les cartes*

ticle du *Diario Oficial* du 2 Juillet 1906 [1]. Cette observation n'a du reste aucunement pour objet de déprécier la valeur de la pièce. Bien au contraire, une carte de 1820, c'est-à-dire de l'époque où le Mexique allait prendre une existence autonome est plus probante que si elle remontait au siècle précédent.

La Partie adverse prétend avoir trouvé des droits sur l'île Clipperton dans le patrimoine espagnol : dès lors, les documents susceptibles d'établir l'actif de la succession seront d'autant plus intéressants qu'ils se rapprocheront davantage de la date de son ouverture.

Mais l'examen de la carte originale, telle qu'elle est déposée à la Légation du Mexique à Rome, va, par rapprochement avec le croquis précité, fournir des éléments d'appréciation décisifs.

Ainsi la carte est imprimée. Toutefois le titre « Plano geografico » [2] (Plan géographique) n'est typographié que jusqu'aux mots « y noticias originales » (et sur des pièces originales) inclus ; le reste, à partir de « para uso del real Tribunal del Consulado » (pour l'usage du Tribunal royal du Consulat), a été ajouté à la main et sans doute, d'ailleurs, depuis assez longtemps déjà, car l'encre en est pâlie.

Le Mémoire Mexicain (p. 16) n'indique pas cette division du

---

géographiques qui la citent (l'île de la Passion) *se trouve celle déjà mentionnée de la Société de Géographie et de Statistique, établie en 1820, d'après les meilleures cartes et des documents authentiques, comme il y est dit* . . . . . »)

[1] « *En la Carta general del Consulado de Mexico* . . . . . *En esa carta, formada en 1820* . . . . . » (M. F., p. 414, alinéa 5). (Traduction : « *Dans la carte générale du Consulat du Mexique* . . . . . ; *dans cette carte établie en 1820* . . . . . ») (M. F., p. 54, alinéa 2).

[2] Voir ci-dessus le titre en espagnol (p. 50, alinéa 6).

titre en deux parties. C'eût été pourtant un avertissement fort
utile. Si le titre avait été imprimé en entier, il pourrait en résulter que la carte avait été établie pour l'usage du Tribunal ;
ce serait notamment, en matière de juridiction, une sorte de
pièce administrative, et les mentions qui y sont portées pren-
draient une valeur spéciale. Mais il en est tout différemment, du
moment où cette phrase « pour l'usage du Tribunal... » a été
ajoutée à la main. Le Tribunal a eu tout simplement besoin
d'une carte de l'Amérique septentrionale, il se l'est procurée,
et l'a enregistrée comme lui appartenant. C'est un simple article courant de librairie qui est entré dans sa bibliothèque. Ce
n'est plus un document d'ordre gouvernemental.

Il y a cependant plus encore.

D'après ses coordonnées (Équateur-73° L. N.; 5o°-165° O.
de Paris), la carte dont il s'agit doit embrasser, et embrasse en
effet l'ensemble de l'Amérique Septentrionale. Les couleurs diverses, dont elle est illustrée, s'appliqueront, non seulement
au Mexique, mais aussi à des territoires en dehors des possessions espagnoles. Le coloriage va donc, comme le titre de la
carte l'indique [1], prendre un caractère attributif de souveraineté. Or il se trouve tout d'abord que le coloriage en teinte
plate qui, *sur le croquis*, est employé pour le Mexique, ne s'applique, *sur la carte originale*, qu'aux possessions anglaises de
la côte atlantique. Les provinces des régions dépendant de
l'Espagne sont distinguées simplement par des liserés coloriés
sur leurs limites. Il y aurait là un premier défaut de conformité,
tout au moins notable.

D'autre part, l'île de la Passion qui, *sur le croquis*, est teintée

---

[1] Voir ci-dessus, p. 62, alinéa 4.

en vert comme la côte correspondante du Mexique, n'est pas coloriée du tout *sur la carte originale*, et on n'y trouve ni teinte plate ni liseré. Or cette question de teintes avait en l'espèce et a, comme on l'a déjà noté, une importance capitale, puisque, d'après le titre de la carte, elle constitue le signe distinctif de la répartition des territoires (*con sus respectivos colores, cada uno*). Sur le *croquis* produit en annexe au Mémoire Mexicain, l'île de la Passion se trouverait rattachée directement par sa couleur à la côte correspondante du Mexique. *D'après la carte originale, elle apparaît au contraire comme complètement indépendante des possessions espagnoles.*

Cependant, la Partie adverse a présenté ce croquis comme reproduisant directement l'original.

> («2° Un antica carta geografica, che si conservara in originale nell'archivio della Società messicana di Geografia et Statistica, *dalla quale è stato copiato il designo n° 8 annesso al documento N° 11.* [M. M., p. 16, alinéa 3]!)»

Que reste-t-il maintenant de cette assertion par laquelle débute le paragraphe (p. 18, les trois dernières lignes) :

> «Il paraît donc évident qu'une seule et même île,
> «*connue* ab antiquo *par les navigateurs espagnols et*
> «*considérée comme appartenant au Vice-Royaume du*
> «*Mexique...*» («Fin qui dunque appare evidente che una sola e medesima isola, *nota* ab antiquo *ai naviganti spagnoli e considerata come pertinente al vicereame di Messico...*)?

∗∗∗

La Partie adverse ouvre ensuite une discussion comparative (pp. 18-22) sur les cartes qu'elle vient de citer, en y joignant la carte de Humboldt, une sphère publiée à Londres en 1842 par le géographe anglais Newton, une carte d'Arrowsmith de 1840, et l'Atlas général de Colton (New-York, 1874), ainsi que certains ouvrages français. Son but est de prouver, d'une part, qu'il y a identité entre la terre portée sur lesdites cartes dans les parages du 10° de Latitude Nord sous les noms de Clipperton, rocher ou île de la Passion, de Medano, ou de Medanos, et celle qui fait l'objet du débat actuel. D'autre part, il s'agit d'établir qu'il n'existe pas d'île de la Passion, sous le 16° de Latitude Nord, et que c'est par erreur qu'on en trouve mention sur certaines cartes. Ces deux points ne se trouvent pas contestés du côté français (voir ci-dessus, p. 40, alinéa 2 et M. F., p. 114, alinéa 3). Il n'y a donc pas lieu de suivre le Mémoire Mexicain dans les développements qu'il y consacre [1].

Quelques observations sont maintenant à présenter, à propos des documents français visés par la Partie adverse.

Ce sont :

Un Atlas de *Buchon*, publié à Paris en 1825. L'île de la Passion y est indiquée dans une fausse position par 16° de Latitude Nord;

Un Atlas de géographie militaire, établi en 1874 par *M. Bureau* et adopté par le Ministère de la Guerre. L'île de la Passion

---

[1] Le Mémoire Mexicain (p. 19, alinéa 2) se réfère à une mention qui est faite de Clipperton au *Boletin Oficial de la Secretaria de Relaciones Exteriores*. T. IX, 1899-1900 : «*Pasión. Isla guanera y de formacion madreporica. Conocida igualmente con el nombre de Clipperton*». Il s'agit de la publication qui a motivé la protestation du Ministre de France, en date du 20 Avril 1900 [M. F., p. 47].

y figure dans la position erronée du 16° de latitude, alors que,
« chose remarquable, vu qu'il s'agit d'un atlas français de ca-
« ractère semi-officiel, il manque l'indication de l'île Clip-
ton dans sa vraie situation »;

Un Atlas de *Bouillet* (Paris 1872), avec la même erreur de
position pour l'île de la Passion et la même lacune pour l'île
Clipperton;

Un Atlas universel de géographie moderne de 1882, adopté
pour l'École Militaire de Saint-Cyr. L'île Clipperton y figure
dans sa position exacte, mais sans qu'il soit fait mention de
l'île de la Passion, et, plus loin, le Mémoire Mexicain relève
(p. 52) qu'il n'y est pas indiqué que Clipperton soit possession
française.

La Partie adverse ne conclut pas au sujet des conséquences
à tirer de ces cartes. On ne voit pas, du reste, quelle oppor-
tunité il peut y avoir à citer un atlas français de 1825 alors
que l'occupation de Clipperton par la France n'est que de
1858.

Peut-être les références données à des ouvrages ultérieurs
ont-elles pour objet de préparer une inculpation d'indifférence,
qui apparaîtra dans le chapitre consacré à la *Deuxième Thèse*
(voir ci-dessous p. 108, alinéa 4) à propos de l'Atlas de 1882
que le Mémoire Mexicain présente (p. 52) comme *Atlas militaire de l'École de Saint-Cyr*.

Il en sera parlé plus loin (pp. 108 et suivantes). Pour le
moment, on se bornera, puisqu'il s'agit ici plus particulièrement
des prétentions de la Partie adverse, à faire remarquer que,
si certain ouvrage français, mis entre les mains des élèves de
l'École Saint-Cyr, se trouve être incomplet, que s'il a omis de
mentionner les droits de la France sur Clipperton, il n'a pas,

tout au moins, attribué cette île à une Puissance étrangère, au Mexique, par exemple.

Que dire alors du Gouvernement Mexicain, qui distribue aux élèves de ses écoles un Atlas où, non seulement l'île Clipperton n'est pas qualifiée de Mexicaine, mais où encore elle est formellement notée comme Française! On a vu, par le Mémoire Français, que tel est bien le cas pour un Atlas de Schrader, et c'est le Gouvernement Mexicain qui l'a révélé en publiant sans le contredire (*Diario Oficial*, 2 Juillet 1906) l'article où le fait était critiqué par *El Progreso latino*. La Partie adverse paraît avoir perdu de vue cette circonstance, et il semble que la rigueur qu'elle témoigne doive, équitablement, se retourner contre sa propre cause (M. F., p. 18, note 2).

On aura d'ailleurs à rappeler, à propos de la Deuxième Thèse Mexicaine et de la question de la notoriété des droits de la France qui y est discutée, que, dans cette nouvelle circonstance, le Mémoire Mexicain laisse de côté les nombreux ouvrages français et étrangers où l'île Clipperton est formellement attribuée à la France (voir ci-dessous, p. 110).

Et puisque cette question de références est soulevée vis-à-vis de la France, il ne sera pas hors de propos de soumettre à la même épreuve la situation du Mexique.

Il en ressortira — et la circonstance ne paraît pas sans valeur — que, s'il a été donné à la Partie adverse de trouver quelques lacunes dans ce long enchaînement des témoignages qui, des États-Unis à l'Europe, viennent attester les droits de la France sur l'île Clipperton, jusqu'à présent, du moins, ses investigations, poursuivies pendant plus de dix années, ne lui ont pas fourni le moyen de produire une seule publication qui fasse de Clipperton une possession mexicaine. La seule pièce qu'ait invoquée le Mémoire Mexicain est la carte de 1820, et, après ce qui a été dit plus haut, on ne voit pas comment il serait possible de songer à en faire encore état.

Enfin si, se plaçant au point de vue de cette sorte de comptabilité publique du patrimoine et des titres des États que tiennent les travaux des publicistes, on établit en 1897, c'est-à-dire à la veille de l'expédition du *Duguay-Trouin* et de la *Demócrata*, le bilan des situations réciproques, la France se présente comme étant à même de porter à son crédit tout un ensemble de reconnaissances et de confirmations de ses droits (M. F., pp. 18 et 20 alinéa 3). Mais on ne trouve rien du côté du Mexique.

Comment donc a-t-il pu se faire que ces droits historiques que revendique le Mexique, si patents, si certains, suivant son Mémoire, aient été ainsi complètement perdus de vue? Comment comprendre qu'en 1859 ils ne se soient pas imposés au souvenir de l'auteur de l'article des Petermann's *Mittheilungen?*

Enfin — et rien ne saurait mieux clore cette discussion — voici un *Atlas pittoresque et historique des États-Unis Mexicains* publié à Mexico en 1885 [1]. Le N° I, Carte politique (*Carta politica*), qui représente la République dans son état actuel, mentionne bien, en les rattachant au Mexique, diverses îles, parmi lesquelles un groupe de trois îles, non dénommées isolément, figurent sous le nom de Revilla Gigedo; mais aucune trace n'y apparaît d'une île Clipperton, de la Passion ou Medanos.

Il en est de même un peu plus loin, *Carta* N° XI, intitulée

---

[1] *Atlas Pitoresco e Historico de los Estados Unidos Mexicanos* por Antonio Garcia Cubas, Debray, Mexico, 1885.

Reyno de la Nueva España al Principio del Siglo xix (Royaume de
la Nouvelle-Espagne au commencement du xixe siècle). On y
voit figurer, sur l'emplacement du groupe des Revilla Gigedo,
deux îles, Socorro et S. Benedicto; mais rien d'une île Clipperton, de la Passion, ou de Medanos. Il est vrai que ces cartes
s'arrêtent au 15° de Latitude; que, par conséquent, l'île Clipperton, qui se trouve cinq degrés au Sud, sur le 10°, restait
hors de leur champ. Mais ce n'était que l'affaire d'un carton
dans un coin de la carte : le procédé est usuel, et l'auteur de
l'Atlas n'eût certainement pas manqué d'y recourir, s'il avait
pensé que Clipperton était relié par une attache quelconque
avec le Mexique.

La même omission va se répéter — et non moins significa-
tive — dans un autre ouvrage publié en 1889-1890, dont le
titre est en traduction : *Dictionnaire géographique, historique et
biographique des États-Unis Mexicains* [1]. A la page 434 du T. IV
se trouve l'article suivant : (Traduction) Revilla Gigedo. *Îles du
Grand Océan, du Territoire Mexicain et dépendant de l'État de Colima. Elles sont situées entre 18° 40′ 40″ et 19° 23′ de latitude nord
et 11° 42′ 51″ et 12° 8′ 51″ de longitude occidentale; la principale
s'appelle El Socorro, les deux autres petites s'appellent San Benedicto
et Roca Partida* [2].

---

[1] *Diccionario geografico, historico y biografico de los Estados Unidos Mexicanos*
por Antonio Garcia Cubas, Mexico, 1890. Le tome premier a été tiré par l'*An-
tiqua Impresa de Murguia* et les autres par l'*Oficina typografica de la Secretaria de
Fomento.*

[2] Revilla Gigedo. *Islas del Grande Oceano, del Territorio Mexicano y depiendente
del Estado de Colima. Se hallan situadas entre los 18° 40′ 40″ y 19° 23′ de Latitud N
y 11° 42′ 51″ y 12° 8′ 51″ de Longitud Occidental; la principal llamada el Socorro,
las otras dos pequeñas se denominan San Benedicto y Roca Partida.*

Par contre, il n'y est fait aucune mention, soit d'une île de
la Passion, soit d'une île Clipperton, soit d'une île Medanos.

De pareilles lacunes prendront bien toute leur signification, si l'on tient compte qu'il s'agit de deux ouvrages spéciaux
aux États-Unis du Mexique, composés par un auteur mexicain,
publiés à la veille, pour ainsi dire, de l'Affaire de l'île Clipperton, et que le dernier en date, le Dictionnaire, sort de
l'*Oficina typografica de la Secretaria de Fomento* (voir ci-contre,
p. 71, note 1).

En somme, la prétention du Mexique à des droits historiques sur l'île Clipperton repose sur les propositions suivantes :
L'île actuellement en litige a été découverte par les navigateurs espagnols (M. M., p. 23, dernier alinéa) et nommée par
eux successivement île de la Passion, île Medano ou de Medanos (M. M., p. 12, 2ᵉ alinéa et *Document* Nᵒ 11). Pour ce qui
est du nom de Clipperton, il ne lui fut attribué que beaucoup
plus tard (M. M., *Document* Nᵒ 11) et ce fut Cook qui le lui
donna (M. M., *Document* Nᵒ 28).

A l'appui de ces allégations, le Mémoire Mexicain ne peut
produire que le voyage de Saavedra qui, en 1527, aurait probablement passé non loin de l'île — ce qui paraît d'ailleurs
inexact — mais sans l'avoir vue et s'en être autrement préoccupé.
Les documents suivants et qui, d'ailleurs, ne remontent qu'à la
fin du xviiiᵉ siècle, sont muets sur la question de découverte, qui
leur est absolument étrangère. Quant à la carte de l'Amérique
Septentrionale éditée en 1820, mieux vaut, semble-t-il, ne
pas revenir sur les explications qui s'y rattachent et la passer
sous silence.

Par contre, les faits surabondent pour réfuter les assertions de la Partie adverse. Tout d'abord, on peut croire que ce fut Clipperton qui découvrit l'île en 1705, et lui donna son nom (M. F., pp. 104, 105, Annexe N° 46, pp. 505 et suivantes : carte de Moll; carte de R. de Vaugondy, 1750; carte d'Arrowsmith, 1811, etc.). Puis viennent, le Vendredi Saint, 3 Avril 1711, les capitaines français de *La Princesse* et de *La Découverte*, qui la décrivent, la situent avec toute l'exactitude désirable, l'appellent île de la Passion, et lui donnent ainsi une existence certaine (M. F., pp. 119 et suivantes).

Avec ces deux noms de *Clipperton* et de *la Passion*, la navigation espagnole n'a donc rien à faire, pas plus qu'avec les avantages de priorité que la thèse mexicaine voulait y rattacher en sa faveur, et qui reviennent légitimement à la France.

En outre, par suite de l'apport des pièces authentiques et précises que sont les journaux de bord de *La Princesse* et de *La Découverte*, le Gouvernement Français se croit fondé à récuser tout témoignage opposé par la Partie adverse qui ne s'appuierait pas sur des éléments de preuve équivalents.

Il sera d'ailleurs établi, à propos de la *Deuxième Thèse* mexicaine, que la simple découverte ne constituait pas pour la Cour de Madrid un titre d'acquisition suffisant (voir ci-dessous, pp. 88, 89), c'est ce qui explique que d'autres nations, et spécialement la France, aux îles Marquises, aient pu s'établir sans difficultés sur des terres devant lesquelles le pavillon espagnol s'était cependant montré le premier. Du reste, on ne sache pas que Clipperton ait été jamais rattachée, par un lien quelconque, à la Vice-Royauté de la Nouvelle Espagne. Ce serait en tout cas à la Partie adverse à le prouver, et elle ne l'a pas fait.

Bien plus, si, dans ce concours de publications qui, depuis 1858, ont enregistré et proclamé les droits de la France sur

Clipperton, le Mémoire Mexicain a pu relever quelques omissions, tout au moins ne lui a-t-il pas été donné de citer un seul
document qui attribue cette île au Mexique. Et ce silence ne se
rencontre pas seulement dans les ouvrages étrangers ; le même
mutisme se constate à la veille de l'expédition de la *Demócrata*
dans un Atlas et dans un Dictionnaire géographiques et historiques du Mexique, publiés en 1885 et en 1889-90 par
M. Antonio Garcia Cubas, ce dernier ouvrage sortant des
presses d'un établissement, dont le nom semble bien dénoter
quelques attaches officielles [1].

Que reste-t-il maintenant, en présence de cet ensemble de
faits, de la conclusion qu'à la fin de sa *Première Thèse*, la Partie
adverse formule en ces termes :

> « L'île de Clipperton n'est autre que l'île décou-
> « verte par les navigateurs espagnols et connue éga-
> « lement sous les noms d'île de la Passion ou de
> « Medano ou Medanos.

> « Conformément aux principes de droit international
> « alors généralement admis, sur lesquels pour éviter
> « d'inutiles répétitions nous reviendrons bientôt, qui
> « considéraient la découverte comme un titre valable
> « d'acquisition de la souveraineté territoriale, l'île a
> « appartenu aux possessions espagnoles et est de-
> « venue *ipso jure* partie du territoire mexicain, alors
> « que le Mexique, en se séparant de l'Espagne, s'est
> « constitué État indépendant et a été reconnu en
> « cette qualité par les autres États.

---

[1] Voir ci-dessus, p. 71, note 1.

« Par conséquent, lorsqu'en 1858 le lieutenant de
« vaisseau Le Coat de Kervéguen, se trouvant sous
« le coup d'une erreur sur la véritable condition ju-
« ridique de l'île, peut-être en raison des fausses no-
« tions géographiques répandues de la manière que
« nous avons indiquée, a déclaré en prendre posses-
« sion au nom de la France, il a accompli un acte
« radicalement nul et privé de tout effet juridique,
« vu le défaut de la première condition d'une acqui-
« sition de la souveraineté, la qualité de *res nullius*
« du territoire (M. M. pp. 23 et 24). »

Le Gouvernement Français ne peut que se féliciter de voir
affirmer aussi solennellement l'obligation de respecter, sous
peine de nullité, toute terre qui n'est pas *res nullius*. En effet,
il vient d'être établi que le Mexique n'a jamais eu de droit pré-
existant sur l'île Clipperton, et que celle-ci était bien *res nullius*
lorsque M. Le Coat de Kervéguen en a pris possession. A partir
de ce moment, elle a passé sous la Souveraineté Française qui,
malgré les dénégations de la Partie adverse, existait intacte en
Décembre 1897, et que le Mexique, suivant le principe qu'il
proclame, et comme le montreront les deux Chapitres qui vont
suivre, avait le devoir de ne pas troubler.

IV

« DEUXIÈME THÈSE » ᴍᴇxɪᴄᴀɪɴᴇ « : À SUPPOSER QUE L'ÎLE
   « NE FÎT PAS PARTIE DU TERRITOIRE MEXICAIN, LA
   « DÉCLARATION DE PRISE DE POSSESSION DE LA
   « FRANCE EN 1858 N'A PAS SUFFI À EN CHANGER
   « LA CONDITION JURIDIQUE DE *RES NULLIUS;* LE
   « MEXIQUE POUVAIT EN CONSÉQUENCE VALABLE-
   « MENT L'OCCUPER, COMME IL L'A FAIT, EN 1897 [1]. »
   — *Discussion et Réfutation.*

En effet, dit le Mémoire Mexicain (p. 25) :

1. Les actes accomplis par la France en 1858 ne constituent
pas *l'occupation effective* qui, aux termes du Droit international
déjà en vigueur à cette époque, eût été nécessaire pour acquérir
la souveraineté.

2. Par conséquent, l'île est restée *res nullius*, et le Mexique
l'a acquise valablement quand, en 1897, il a procédé à une
occupation qui a présenté et conservé depuis un *caractère effectif.*

Passant ensuite à la démonstration de ces propositions, le
Mémoire Mexicain en a fait l'objet des trois paragraphes suivants :

§ 1. Le droit international en vigueur en 1858 exigeait une occupation effective (M. M., pp. 26-50 et ci-dessous, pp. 78-99);

§ 2. Défaut d'effectivité et, par suite, inefficacité de la prise
de possession de l'île de Clipperton par la France en 1858
(M. M., pp. 50-52 et ci-dessous, pp. 99-113);

______

[1] M. M., pp. 25-54.

§ 3. Effectivité et validité de l'occupation accomplie par le Mexique en 1897 (M. M., pp. 53-54, et ci-dessous, pp. 114-131).

Ces postulats vont être examinés et discutés dans leur ordre. Mais, dès maintenant, le Gouvernement Français déclare qu'il maintient les positions déjà prises dans son Mémoire Défensif en affirmant :

que la prise de possession de Clipperton en 1858, et l'occupation qui s'en est suivie, ont satisfait à toutes les exigences du droit international, tant au point de vue de la doctrine que de l'usage, et que, par conséquent, l'île Clipperton est alors devenue possession française et n'a cessé de l'être ;

que les actes du Gouvernement Mexicain à Clipperton ont été inopérants : par suite de la précarité de sa possession, de l'incertitude et du caractère contradictoire des titres qu'il invoque, et de cette circonstance que, même en faisant abstraction des droits antérieurs de la France, l'état de choses existant en 1897 à l'île Clipperton excluait pour lui la possibilité d'une occupation, qui n'était pas d'ailleurs dans ses intentions.

§ *1* [1].

Le droit international en vigueur en 1858 exigeait une occupation effective [2].

On constatera tout d'abord qu'entre les deux Parties il n'y a pas non plus ici de divergence de principe. De même que au

---

[1] M. M., pp. 26-50.

[2] Cet intitulé prête à deux observations. Tout d'abord, en dehors du droit conventionnel, peut-on, *stricto sensu*, parler de droit international *en vigueur ?* Il se rencontre bien des doctrines, plus ou moins répandues, variables avec les

point de vue géographique et historique, le Gouvernement Français est d'accord avec le Gouvernement Mexicain pour ad-

---

époques, et résultant, soit d'un commun usage, soit des travaux des jurisconsultes ; elles se recommandent à l'attention, pour apprécier des faits contemporains ; mais on ne voit pas qu'il soit possible d'y vouloir attribuer à un moment ou à un autre, comme semble vouloir le faire la Partie adverse, les effets juridiques nécessaires, qui s'attacheraient dans le droit privé à l'existence ou à l'absence d'une loi. Or on sait qu'entre la France et le Mexique n'existait aucune tractation applicable à l'occupation. Cette expression du Mémoire Mexicain n'est elle pas, dès lors, trop absolue ?

D'autre part, il ne semble pas inutile de rechercher le sens des expressions *occupation effective, effectivité de la prise de possession, de l'occupation*, employées ici et dans d'autres parties de son Mémoire par la Partie adverse.

Ces locutions n'apparaissent en effet, dans les relations internationales, qu'en 1884-85, lors de la Conférence Africaine, qui les a affectées spécialement, dans le Chapitre VI de l'Acte Général de Berlin, aux occupations nouvelles sur une certaine partie du littoral du Continent Noir.

En 1858, c'est-à-dire au moment de la prise de possession effectuée par M. Le Coat de Kervéguen, les termes d'*occupation effective,* de *prise de possession effective* se rencontrent bien chez certains auteurs (voir notamment, M. M., pp. 32, 35, 38 [*id.* M. F., p. 167 en note], 42, 44), mais ils n'avaient pas encore acquis, dans le vocabulaire international, le droit de cité qui leur a été donné à Berlin en 1884-1885.

En elles-mêmes, ces expressions peuvent s'entendre de deux manières différentes. Dans une première acception, elles correspondront à l'idée de productivité d'effet, de création d'un titre opposable aux tiers (Institut de Droit International, Annuaire, Vol. X. — Projet de déclaration de M. de Martitz Article IV : «Une occupation en souveraineté pour être effective, c'est-à-dire *pour créer* un titre de possession . . . »). Envisagées à un autre point de vue, elles se prendront dans le sens d'occupation, de prise de possession *réelles,* positives, par opposition à l'occupation ou à la prise de possession *fictives* (Acte Général de Berlin, art. 34 et 35 ; Institut de Droit International, Annuaire, Vol. X. — *Projet de Déclaration Internationale relative aux acquisitions de territoires*).

Il semble, d'après le Mémoire Mexicain, que ce soit cette dernière interprétation qu'il convienne d'y donner aux termes d'*occupation effective* ou d'*effectivité de l'occupation,* ce qui correspondrait à l'expression *prise de possession réelle,* dont il a été fait usage dans le Mémoire Français, afin d'éviter, dans un cas auquel ils n'étaient pas applicables, des souvenirs de l'Acte Général de Berlin.

mettre, dans les conditions ci-dessus spécifiées, l'identité de l'île Clipperton avec l'île de la Passion, de même, ici, il admet, et il a d'ailleurs admis par avance dans son Mémoire Défensif, qu'en 1858 la doctrine, au point où elle était parvenue, demandait que l'occupation fût effective, c'est-à-dire réelle. Il se sépare toutefois absolument de la Partie adverse en ce qu'il affirme — et il pense être à même de le démontrer — que les critiques dirigées à ce point de vue contre ses actes à Clipperton ne sont pas fondées.

Si, maintenant, on se reporte aux extraits d'auteurs que donne, dans ce premier paragraphe, le Mémoire Mexicain (pp. 29 et suivantes), on verra qu'ils ne concernent en réalité que des terres d'une étendue appréciable. Nulle part, il n'y est fait mention des conditions dans lesquelles l'*animus domini* devrait se projeter sur le *corpus rei*, s'il s'agissait, comme dans l'espèce actuelle, d'un « îlot inhabité et d'accès très difficile », suivant la qualification très exacte dont fait usage le Mémoire Mexicain pour caractériser l'objet du litige actuel (M. M., p. 14).

De plus, il en résulte que, si ces juristes s'accordent pour se réclamer du principe de l'occupation effective, ils diffèrent néanmoins beaucoup sur le critérium à adopter en fait.

Deux tendances, pour ainsi dire contradictoires, se manifestent dans ces citations : de certains côtés, on demande à l'État occupant de bâtir, de cultiver, de coloniser, c'est ce qu'on pourrait exiger d'un particulier ; d'autre part, au contraire, on envisage seulement l'exercice de son autorité, de sa souveraineté, sans toutefois en enfermer les manifestations dans une formule déterminée, puisqu'il suffira de la faculté d'imposer sa souveraineté et de la faire respecter. Ici l'État, les Pouvoirs publics sont seuls pris en considération.

Au fond, cependant, une pensée commune réunit ces différentes conceptions de l'occupation effective, c'est que l'État occupant doit, comme le dit Klüber, *mettre la chose entièrement à sa disposition ou dans son pouvoir physique* (M. M., p. 35, ligne 7).

En se plaçant à ce point de vue, les variations qu'on relève dans la manière dont les auteurs envisagent la manifestation de cette domination s'expliquent aisément, si l'on tient compte à la fois de l'époque où s'est formée la théorie de l'occupation en matière internationale — théorie empruntée elle-même aux modes d'acquisition de la propriété privée — et de l'évolution qu'a subie l'idée de la souveraineté ainsi que des droits et des devoirs de l'État.

Comme l'a fait remarquer un auteur déjà cité ci-dessus [1], « on a cru longtemps, et le langage employé par les auteurs les « plus récents est de nature à prolonger l'équivoque, que la « souveraineté était un droit de propriété; que le territoire, « objet sur lequel elle s'exerce, était soumis à une sorte de droit « réel immobilier » (*op. cit.*, N° 2, p. 7). Salomon poursuit, en notant que ces deux concepts, souveraineté territoriale et propriété immobilière, sont cependant essentiellement distincts : l'*imperium*, l'empire, c'est-à-dire la puissance de gouverner, correspond à une notion de droit public; la propriété, le *dominium*, à une notion de droit privé. « Le domaine éminent ne « suppose aucun droit de propriété..... Le véritable principe

---

[1] Salomon, *L'occupation des territoires sans maître* (voir ci-dessus, p. 29, note 1).

« a été posé par Bluntschli [1]. *La souveraineté territoriale n'im-*
« *plique point la propriété du sol* » [2].

Dans le cas actuel, ce dont il s'agit, c'est, comme l'a marqué
le Mémoire Défensif Français dans son Chapitre III, de l'acquisition, par occupation, de la souveraineté, sur un atoll minus-
cule, désert et impropre, sans apports extérieurs, à l'existence
humaine, ainsi que de la conservation de cette souveraineté. Et
tel est le point de vue auquel on se réserve de se placer pour
examiner plus loin (p. 152, alinéa 2) les charges qui peuvent
résulter pour l'État occupant de sa prise de possession, et pour
discuter les arguments de fait qu'invoque la Partie adverse.

Dès maintenant, toutefois, un point est à noter, c'est
qu'entre les deux pôles de la doctrine le Mémoire Mexicain ne
choisit pas. Il affirme la nécessité de l'occupation effective et
cite les auteurs qui en ont soutenu le principe, sans se prononcer toutefois sur leurs différents postulats, bien que, comme on
l'a constaté, de notables divergences se manifestent entre eux,
lorsque, de la théorie, il s'agit de passer à l'application.

La Partie adverse dit qu'en 1858 il y avait un droit international en vigueur pour l'occupation, mais elle n'en donne pas la

---

[1] *Le Droit international codifié.* Trad. de M. C. Lardy, 4ᵉ édition, Paris, 1886
(§ 277).

[2] Salomon, *op. cit.,* pp. 10 et 11. Cependant, il convient de faire remarquer,
comme d'ailleurs cet auteur le constate, que l'État peut aussi être propriétaire à titre
privé, et que l'occupation est à la fois un mode d'acquisition de la souveraineté et
un mode d'acquisition de la propriété privée. L'État étant, tout ensemble, une
personne de droit international et une personne de droit privé est habile à acquérir par occupation, suivant les cas, soit la souveraineté, soit la propriété. En
France même où, en principe, l'occupation n'emporte pas pour l'État acquisition
du sol, l'article 713 du Code Civil lui attribue les biens sans maître. D'autre part,
certaines portions du sol ou du sous-sol rentrent dans son domaine privé et lui
sont incontestablement acquises par occupation.

formule. Quant au Gouvernement Français, il a, dans le Chapitre III de son Mémoire Défensif et notamment à la page 181, précisé quelles étaient les conditions auxquelles, juridiquement, devait satisfaire l'occupation de Clipperton. Il ne peut que s'en tenir à cet exposé, qui, d'ailleurs, est d'accord avec le principe essentiel sur lequel s'unissent tous les auteurs cités dans le Mémoire Mexicain, pour requérir que la chose soit *à la disposition* de l'État occupant.

* * *

Le Mémoire Mexicain[1], pour montrer qu'au moment de l'expédition de M. Le Coat de Kervéguen, la doctrine de l'occupation effective était depuis longtemps déjà entrée dans les relations des États, s'est référé à trois précédents diplomatiques :

1° *Différend relatif au Nootka Sund* ou *Port-Nootka* (île de Vancouver), entre l'Espagne et l'Angleterre, en 1790 ;

2° *Différend entre la Russie* d'une part, et *l'Angleterre et les États-Unis* d'autre part, *à propos d'un Oukase rendu, le 4/16 Septembre 1821*, par l'Empereur Alexandre Iᵉʳ, au sujet de territoires du Nord de l'Amérique ;

3° *Différend entre l'Angleterre et les États-Unis, au sujet des territoires de l'Orégon ;* Convention de 1846.

Le récit qu'on trouve, dans les auteurs, de ces incidents, et notamment celui qu'en a donné WHEATON[2], pourraient éveiller

---

[1] pp. 45-48.

[2] Le Mémoire Mexicain a indiqué comme références l'édition anglaise de l'ouvrage de WHEATON, *Elements of international law*, publié à Londres en 1836. On

6.

l'impression qu'on se trouve en présence de questions de droit réglées par des solutions de droit; mais, si l'on se réfère aux documents originaux, on est amené à constater que les considérations de politique ou de fait ont joué un rôle prédominant. Aussi, ces incidents n'avaient-ils pas paru se trouver en relation suffisante avec la controverse actuelle pour être visés dans le Mémoire Défensif Français. On se propose maintenant de les analyser, en complétant le Mémoire Mexicain, tout d'abord au moyen de l'ouvrage de Wheaton, puis en recourant aux publications de l'époque.

Une observation préjudicielle se présente, c'est qu'il s'agit dans ces trois cas, non plus d'îles, comme dans l'affaire des Carolines, non plus d'un rocher, comme dans l'affaire de la Trinité (M. F., pp. 192 à 199), et comme dans l'affaire actuelle, mais de vastes portions de littoral, et même de territoires s'étendant à l'intérieur du Continent et destinés à la colonisation et au commerce.

1° *Différend relatif au Nootka-Sund ou Port-Nootka entre l'Espagne et l'Angleterre en 1790.*

Dans l'affaire de Nootka-Sund, l'Espagne, dit le Mémoire Mexicain d'après Wheaton, opposait à l'Angleterre ses préten-

---

a cru pouvoir prendre l'édition française que Wheaton a donnée de son œuvre en 1847. C'était ainsi se ménager le double avantage d'utiliser une édition plus récente, et par conséquent améliorée, et, en outre, de se servir, en langue française, d'un texte émanant de l'auteur lui-même. Il ressort, d'ailleurs, de la préface, que l'édition de 1836 ne représente pas le dernier état des vues de l'auteur puisqu'en 1847 il y avait eu déjà, à Philadelphie, deux autres éditions «revues, corrigées et considérablement augmentées par l'auteur». L'édition française de 1847 s'écarte sur quelques points de détail, mais qui ne sont cependant pas sans importance, du texte du Mémoire Mexicain.

tions à la souveraineté sur les côtes Nord-Ouest de l'Amérique
jusqu'au détroit du Prince Guillaume par 61° de Latitude
Nord, en se basant sur une priorité de découverte, et sur
une longue possession confirmée en 1713 par l'article 8 du
Traité d'Utrecht.

Le Gouvernemeut Anglais combattit, suivant Wheaton [1],
cette prétention en déclarant que la terre étant l'héritage commun de tous les hommes, chaque individu et chaque nation
ont le droit de s'en approprier une portion en la cultivant et
en l'occupant. La controverse, dit le Mémoire Mexicain, se termina plus tard par une Convention entre les deux États [2]
(M. M., p. 46).

Ce qui frappe tout d'abord dans cet arrangement, c'est

---

[1] *Op. cit.*, Tome Ier, pp. 162 et suiv.

[2] Voici l'analyse que donne Wheaton de cette Convention.

Il y fut stipulé que les sujets respectifs des deux Puissances pourraient librement naviguer et pêcher dans l'Océan Pacifique ou dans les Mers du Sud, et aborder sur le rivage de ces mers, dans les endroits non occupés, afin de faire le
commerce avec les indigènes et pour s'y établir, en se soumettant toutefois aux
conditions suivantes (art. III) :

1° Que la navigation et la pêche des sujets de la Grande-Bretagne dans ces
mers ne devaient pas servir de prétexte à un commerce illicite avec les établissements espagnols et que lesdits sujets britanniques ne pourraient naviguer ou
pêcher à une distance moindre de dix lieues marines des côtes déjà occupées par
les Espagnols (art. IV) ;

2° Que dans toutes les parties des côtes Nord-Ouest de l'Amérique septentrionale, où l'une ou l'autre des deux Puissances aurait établi des colonies, à partir
du mois d'Avril 1789, les sujets de l'autre auraient libre accès et pourraient y
faire leur commerce en toute sûreté (art. V) ;

3° Qu'à l'égard des côtes Est et Ouest de l'Amérique méridionale aucun établissement ne pourrait être formé par les sujets des deux États, dans la partie de
ces côtes située au Midi des établissements déjà formés par les Espagnols, mais

qu'aucune question de principe n'y est rappelée. Et, si l'on se reporte aux années 1790 et 1791 de la publication anglaise, *The Annual Register* [1], à laquelle Wheaton s'est référé, et si l'on y joint les mêmes années de « *The New Annual Register* » [2], qui reproduit un sommaire des débats du Parlement anglais, on verra que l'affaire a pris beaucoup plus le caractère d'une querelle politique que d'une discussion de droit des gens. Aussi bien, on n'y retrouve ni dans la correspondance échangée entre les deux Parties, ni dans l'analyse des débats parlementaires anglais, cet argument attribué par Wheaton à l'Angleterre que, la terre étant l'héritage commun de tous les hommes, chaque individu et chaque nation ont le droit de s'en approprier une portion en l'occupant et en la cultivant. Cette formule ne se rencontre que dans la partie de l'*Annual Register* consacrée à l'Histoire de l'Europe (*History of Europa*, 1791, vol. 33, p. 211), et semble ne s'y présenter que comme l'écho d'opinions privées ou de polémiques de presse. En lui-même, l'incident n'affectait pas des intérêts essentiels. Il s'agissait de quelques aventuriers qui, de 1786 à 1788, étaient venus s'établir sur la côte Ouest de l'île Vancouver à Port Nootka, pour exporter des fourrures en Chine. Ce n'était encore qu'une assez mince entreprise occupant deux ou, au plus, quatre bateaux, qui ne battaient même pas tous pavillon anglais, mais naviguaient

---

que les sujets respectifs des deux Puissances continueraient à avoir le droit d'aborder sur ces côtes pour la pêche, et qu'ils auraient même le droit d'y établir des cabanes ou d'autres habitations temporaires pour les besoins de la pêche (art. VI).

[1] *The Annual Register, or a view of the History, Politics and Litterature for the year 1790.* The second edition, London 1802; *Ibid.*, volume de 1791.

[2] *The New Annual Register, or a general repository of History, Politics and Litterature for the year 1790.* London 1790; *Ibid*, volume de 1791.

aussi parfois avec des papiers portugais. Bref, en Mai 1789, le Vice-Roi du Mexique envoya une frégate, qui captura les bateaux de la compagnie et se mit en possession de son établissement.

Cette nouvelle provoqua à Londres une très vive émotion; le Gouvernement Anglais parla d'insultes au pavillon et se refusa à toute discussion sur le fond du litige, avant que le Cabinet de Madrid eût fourni des satisfactions auxquelles il dut consentir (Échange de Déclarations du 4 Juillet 1790, *The Annual Register*, 1790, pp. 308 et 309). Les négociations, dont on n'a d'ailleurs pas le détail, se poursuivirent alors, et aboutirent (*ibid.*, p. 303) à la Convention précitée du 28 Octobre 1790 (voir ci-dessus, p. 85, note 2). Mais l'incident avait été très vif, et, en présence de l'attitude comminatoire de l'Angleterre et de ses armements, l'Espagne, au mois de Juin 1790, adressa à la France, en invoquant le Pacte de Famille de 1761, un appel qui ne fut pas sans rencontrer quelques réserves de la part de l'Assemblée Constituante. En réalité, le commerce anglais sut ouvrir à son activité de vastes étendues sur la côte américaine du Pacifique, et un orateur de la Chambre des Communes alla jusqu'à parler d'avantages extorqués à l'Espagne[1]. Il est vrai que l'affaire était devenue à Londres un sujet d'opposition parlementaire, et il n'y a vraiment là rien qui ressemble à un débat philosophique et juridique sur les modes d'acquérir et de conserver la souveraineté, par découverte ou occupation.

Mais, au cours de la controverse, le Cabinet de Madrid fit, au

---

[1] *The Annual Register 1791, British and Foreign History*, p. 138, 2ᵉ colonne, ligne 14.

sujet de la formation de son domaine colonial, certaines pro-
fessions de foi, auxquelles donne aujourd'hui un intérêt vraiment essentiel la prétention du Mexique à la propriété de Clipperton comme hoirie espagnole. Voici, par exemple, ce qu'on
lit dans une Déclaration du Gouvernement Espagnol du 4 Juin
1790, transmise à toutes les Cours européennes : « Sa Majesté
« n'a, à aucun moment, prétendu à des droits sur des ports,
« mers ou endroits autres que ceux qui appartiennent à sa Cou-
« ronne par les traités les plus solennels, reconnus par toutes
« les nations et, en ce qui concerne plus particulièrement la
« Grande Bretagne, par un droit fondé sur des traités, par le
« consentement uniforme des deux nations, et par une possession
« immémoriale, régulière et établie..... » (*The Annual Register* 1790, pp. 292 et suivantes). Et plus loin : « ..... Néan-
« moins, le Roi dément ce bruit que, de parti pris, ont mis en
« circulation des ennemis de la paix, que l'Espagne étend des
« prétentions et droits de souveraineté sur l'ensemble de la
« Mer du Sud, jusqu'à la Chine ». Le document espagnol
ajoute : « ..... s'il est fait usage des mots : au nom du Roi,
« sa souveraineté, navigation et commerce exclusif sur le con-
« tinent et les îles de la Mer du Sud, ce sont là les termes usuels
« dont s'est toujours servie l'Espagne pour parler des Indes, ils
« veulent dire : sur les continents, les îles et mers qui appar-
« tiennent à Sa Majesté en tant que la découverte en a été faite,
« et qu'ils lui ont été assurés par traités et possessions immé-
« moriales et de consentement unanime.... Et le Roi n'élève
« pas de prétentions sur des possessions pour lesquelles il ne
« peut prouver son droit par des titres irréfragables [1] ».

---

[1] *The Annual Register* 1790, p. 292.

Et, en écrivant le 16 Juin 1790 à M. de Montmorin pour invoquer le Pacte de Famille, le duc de Fernan-Nunez était encore plus précis; il faisait reposer les titres de l'Espagne sur « des traités, des démarcations, des prises de possession, et les « actes les plus décisifs de souveraineté exercés par les Espa- « gnols depuis le règne de Charles II, et autorisés par ce mo- « narque en 1692 »[1].

Les droits de l'Espagne dans les régions du Pacifique ont donc eu pour point de départ la découverte; mais cette Puissance n'a pas considéré que ce titre fût suffisant, elle a recherché des bases plus précises et plus juridiques, en invoquant des traités, des prises de possession[2] et des délimitations, ou des actes de souveraineté manifestes. On se réserve de revenir sur ces déclarations de la Couronne Espagnole; pour le moment, on se bornera à constater que le côté doctrinal de la question est resté, en 1790, au second plan, et que le conflit a revêtu un caractère politique.

2° *Différend entre la Russie d'une part et l'Angleterre et les États-Unis d'autre part, au sujet d'un Oukase rendu le 4/16 Septembre 1821.*

Par cet acte, le Gouvernement Russe s'attribuait un droit territorial exclusif sur les côtes de l'Asie et de l'Amérique situées au Nord d'un parallèle passant à peu près par l'extrémité sud de l'île Vancouver et de l'archipel des Kouriles[3].

---

[1] *The New Annual Register 1790 ; Public Papers*, p. 81.

[2] Voir ci-dessus (p. 47, note 1) les instructions données à Saavedra pour lui enjoindre de prendre solennellement possession des terres qu'il découvrirait.

[3] C'est-à-dire la côte Nord-Ouest de l'Amérique, depuis le détroit de Behring.

Il était interdit à tout vaisseau étranger de naviguer et de pêcher dans les îles et ports situés à l'intérieur de cette limite, et même d'aborder dans les établissements russes, ou d'en approcher à 100 lieues italiennes, sous peine de confiscation de ses marchandises.

Selon l'Oukase, les droits de la Russie reposaient sur les trois principes qui, d'après le droit des gens, forment la base de tout droit de propriété : c'est-à-dire, sur la priorité de découverte, sur la priorité d'occupation, et enfin sur une possession paisible et incontestée pendant près d'un demi-siècle. Il était ajouté qu'en vertu des règles qui s'appliquent aux mers fermées, il eût été loisible au Gouvernement Russe de faire usage de sa souveraineté dans les eaux qui baignent ses possessions d'Asie et d'Amérique, et, notamment, d'en interdire entièrement l'accès aux étrangers. La Russie s'était néanmoins limitée à l'exercice de ce que ses droits avaient d'essentiel, afin d'empêcher la contrebande à l'intérieur des limites de la Compagnie Russo-Américaine.

Tous ces principes, dit Wheaton (T. Iᵉʳ, pp. 163, 164, 165), furent contestés par le Gouvernement des États-Unis, tant en fait qu'en droit. Les négociations qui s'entamèrent alors aboutirent à une Convention signée à Saint-Pétersbourg le 5/17 Avril 1824, et aux termes de laquelle il était stipulé que, dans toutes les parties de l'Océan Pacifique, les citoyens des États-Unis et les sujets de la Russie auraient le droit de naviguer et de pêcher librement; toutefois les vaisseaux russes ou améri-

---

jusqu'au 51° de Latitude Nord, y compris les îles Aléoutes, et sur la côte orientale de la Sibérie y compris les îles Kouriles, depuis le même détroit de Behring jusqu'au Cap Sud, dans l'île d'Oozoop, par 51° 15′ de Latitude Nord.

cains ne pourraient aborder dans un établissement appartenant à l'autre Puissance, sans la permission du Gouverneur ou Commandant Russe ou Américain. De plus, il ne serait formé aucun établissement par les États-Unis au Nord du 54°40′ de latitude et aucun établissement russe au Midi de cette ligne. Enfin, pendant dix ans, à compter de la signature de la Convention, les vaisseaux des deux Puissances pourraient naviguer et exercer la pêche librement, dans toutes les mers comprises entre ces côtes.

La Grande-Bretagne avait aussi, de son côté, protesté contre l'Oukase de 1821. La discussion se termina par une Convention de frontières, signée à Saint-Pétersbourg le 16/28 Février 1825, qui établit entre les possessions des deux Puissances, sur le continent de l'Amérique septentrionale, une ligne frontière, partant aussi, sur la côte, de l'île du Prince de Galles, par 54°40′ de Latitude Nord.

Ainsi qu'on a pu le voir, le Gouvernement Russe avait, à l'appui des mesures qu'il venait de prendre, invoqué des principes du Droit des gens qui eussent pu motiver une discussion de doctrine. Cependant, ici encore, ce n'est pas sur ce terrain que la discussion a évolué. La réponse du Gouvernement des États-Unis, telle que l'analyse Wheaton, laisse en dehors du débat toute question théorique. Il y est constaté que les découvertes russes n'ont pas été au delà d'un certain parallèle, qui est, dès lors, pris comme limite de la souveraineté de cette Puissance, et c'est également par des observations matérielles sur l'énormité de l'emprise, entre des côtes distantes de 4.000 milles, qu'on y voit écarter la prétention de la Russie à la possession d'un *mare clausum*.

Cette impression se confirme par la lecture de la correspondance échangée entre M. Adams et M. de Poleticar, telle que la donne l'*Annual Register* [1].

On a vu, du reste, le caractère purement pratique que revêtent les clauses des accords intervenus entre les parties intéressées.

Il n'apparaît donc pas que la Partie adverse puisse trouver dans cette affaire, — pas plus d'ailleurs que dans celle de Port-Nootka — quelque argument utile.

3° Différend entre l'Angleterre et les États-Unis au sujet de l'Orégon.

Voici comment le Mémoire Mexicain (p. 47) présente ce débat, en se référant à l'ouvrage de CH. CALVO (*Le Droit International et Pratique*, vol. I, 4ᵉ édition, pp. 416 et suivantes):

> «Les prétentions des États-Unis au territoire de
> «l'Orégon se fondaient sur la priorité de la décou-
> «verte du fleuve Colombie par le capitaine Gray, de
> «Boston, en 1792 ; sur l'exploration du cours entier
> «de ce fleuve, de ses sources à son embouchure, par
> «les capitaines Lewis et Clarke en 1805 et 1806 ;
> «sur la première occupation des ports de ce terri-
> «toire par des sujets des États-Unis; enfin sur le
> «traité de 1819, par lequel les États-Unis avaient
> «acquis tous les droits de l'Espagne, et qui dérivaient
> «de ce fait que le pays avait été découvert par des
> «sujets espagnols, avant d'être connu par aucun
> «autre peuple. Le Gouvernement Anglais, tout en

---

[1] Année 1823, tome LXIV, pp. 576-584.

« contestant, même en fait, la priorité de découverte
« des Américains, soutenait que, de toute manière,
« l'Espagne et les États-Unis n'auraient acquis de
« droits que sur les parties de territoire où ils étaient
« établis, et il affirmait, à son profit, comme au
« profit de toute autre nation, le droit d'occuper les
« parties encore vacantes de ce territoire, en de-
« mandant, pour ses propres établissements, le
« même respect qu'il s'obligeait à avoir pour les éta-
« blissements américains. La controverse se termina
« par un Traité en 1846. »

Il semble bien, cette fois, qu'un débat se pose sur le terrain
des principes, et que, par conséquent, la solution ne compor-
tera plus de moyens termes. Et, en effet, il a été beaucoup discuté en théorie; car, à la question du littoral se joignait une
question de délimitation dans l'intérieur, qui mettait en jeu le
bassin d'une grande rivière. Finalement, cependant, on a tran-
sigé, et on s'est entendu pour se partager le bassin de la Co-
lombie, dont le cours supérieur alla dans le lot de l'Angleterre, tandis que sa partie inférieure, avec l'embouchure,
était attribuée aux États-Unis.

Ce sont là des ajustements de pratique, ce ne sont point des
solutions de droit. En somme, sur une partie de la côte orientale de l'Amérique du Nord, une situation très confuse s'était
créée. A des titres divers, l'Angleterre, la Russie, l'Espagne et
les États-Unis étaient intervenus, enchevêtrant leurs compéti-
tions et leurs établissements. Lorsque les difficultés survinrent,
chacun voulut donner une base juridique à ses prétentions,
et on vit s'opposer, suivant les besoins de la cause, les théories

du droit de découverte et du droit d'occupation. Mais, en réalité, en 1790, on recourut, à Londres, à la menace, et, lorsque ce moyen fit défaut, soit dans le différend de 1821 avec la Russie, soit dans le différend au sujet de l'Orégon, on dut, tout en discutant sur les principes, s'accommoder avec les contingences. Il semble même que les questions théoriques qui furent discutées peuvent se ramener à deux points. Tout d'abord, jusqu'où rayonne, sur une côte inoccupée, la souveraineté d'un État établi sur une partie contiguë de cette côte, et, en second lieu, quels effets, au point de vue de l'acquisition du bassin d'un fleuve, entraîne la découverte ou l'occupation de son embouchure?

Le débat apparaît donc comme en dehors du litige actuel, et on n'aperçoit pas quels arguments juridiques utilisables pour le présent arbitrage pourraient y être cherchés.

Le Gouvernement Français ne peut, à ce propos, que rappeler les précédents qu'il a cités dans son Mémoire Défensif (pp. 192 et suiv.) touchant les incidents des Carolines et de l'île de la Trinité, ainsi que les considérations exposées à leur sujet.

Sur un point de fait, cependant, l'affaire de Port-Nootka apporte une contribution fort importante, car le Gouvernement Espagnol y a exposé d'une manière précise les règles de droit qui ont présidé à la constitution de son domaine colonial. Il y aura lieu de revenir plus loin sur ces indications (p. 154).

* * *

Le paragraphe premier de ce Chapitre du Mémoire Mexicain vise enfin, en terminant [1], l'Acte Général de Berlin, qui n'a

---

[1] pp. 48-50.

fait, dit-il, que sanctionner, en la précisant dans sa portée et dans sa signification, cette règle, sur laquelle s'étaient mises d'accord, dans la première moitié du xixᵉ siècle, la théorie et la pratique, que, pour acquérir la souveraineté de territoires à l'état de *res nullius*, il ne suffit pas de le vouloir et de le manifester verbalement ou par symboles; mais qu'il faut y joindre une occupation réelle et permanente du territoire.

Ces principes, d'ailleurs, poursuit la Partie adverse, étaient familiers à la France, qui se faisait honneur de s'y être conformée. C'est ce que prouvent les instructions données par M. Jules Ferry au Baron de Courcel, Ambassadeur de France en Allemagne, le 8 Novembre 1884, au sujet de la Conférence qui allait s'ouvrir à Berlin. La France se proposait donc simplement, à cette occasion, de confirmer une prescription admise par elle comme par tous, mais qui, dans son application concrète, pouvait donner lieu à des doutes et à des difficultés. Telles étaient également, d'après les déclarations de l'ambassadeur d'Angleterre, les vues de la Grande-Bretagne. Le Mémoire Mexicain rappelle en outre que, dans son Rapport, la Commission chargée d'examiner le projet de Déclaration s'exprimait ainsi à propos de l'article II du Projet, devenu, sans aucun changement, l'article 35 de l'Acte Général : « L'article II « de la Déclaration a pour but de définir les conditions d'une « occupation effective ». On ne pensait donc nullement, conclut la Partie adverse, à introduire comme un principe nouveau la nécessité d'une occupation effective, mais, simplement, à déterminer les conditions dont le concours devait faire considérer une occupation comme effective.

Ces affirmations énoncées, le Mémoire Mexicain s'arrête, et

passe directement au § 2, où il se propose d'établir le défaut d'effectivité de la prise de possession de Clipperton par le Gouvernement Français. Il n'eût cependant pas été sans intérêt de savoir comment la Partie adverse, qui représente l'œuvre de la Conférence de Berlin comme n'ayant été que la promulgation d'une doctrine déjà entrée dans la pratique commune, concilie ce postulat avec le passage suivant du préambule de l'Acte Général, où les articles 34 et 35 sont qualifiés de « Déclaration « *introduisant dans les rapports internationaux* des règles uni-« formes relatives aux occupations qui pourront avoir lieu à « l'avenir sur les côtes du continent africain ».

Et, si théorie et pratique étaient d'accord depuis près d'un siècle, pourquoi l'Ambassadeur d'Angleterre aurait-il, comme le rappelle la Partie adverse (p. 5o), parlé de « donner des as-« surances dans l'avenir que les principes posés unanimement « par les jurisconsultes et les juges de tous les pays seront ap-« pliqués dans la pratique »?

C'est que, comme on l'a dit plus haut (p. 78, note 2), il n'y avait pas, avant la Conférence Africaine, de droit international *légalement* en vigueur au sujet de l'occupation; l'Acte Général de Berlin a réalisé cette innovation; il n'est toutefois pas applicable en l'espèce (M. F., pp. 182 et suiv.).

Et puisque, d'autre part, la Conférence Africaine a eu simplement, d'après le Mémoire Mexicain, à déterminer les conditions dont le concours donnerait à l'occupation son caractère effectif, on rappellera rapidement ici, sans revenir sur l'étude qui en a été faite dans le Mémoire Défensif Français (pp. 182-191), les règles posées dans les articles 34 et 35 de l'Acte de Berlin.

Il faudra, pour qu'une occupation nouvelle à la côte d'Afrique soit considérée comme effective :

Notifier [1] la prise de possession aux Puissances signataires ou adhérentes (art. 34);

Assurer dans le territoire occupé l'existence d'une autorité suffisante pour faire respecter les droits acquis, et, le cas échéant, la liberté du commerce et du transit dans les conditions où elle serait stipulée (art. 35).

Si on rapproche ces formules des extraits d'ouvrages cités dans le Mémoire Mexicain, on verra deux différences essentielles se manifester. Tout d'abord, dans les articles 34 et 35, il ne reste plus aucune trace de la terminologie des auteurs. Possession effective, établissements, défrichement, colonisation, etc., toutes ces expressions, tous ces souvenirs de l'ancienne confusion entre le *Dominium* et l'*Imperium* ont disparu, et les obligations imposées à l'État occupant rentrent, clairement, dans l'exercice de la souveraineté.

En second lieu, tandis que, antérieurement, les actes que la doctrine imposait à l'État occupant pouvaient jusqu'à un certain point lui être avantageux et profitables, les règles posées dans l'Acte Général sont conçues dans un sens nettement altruiste. C'est afin de mettre les Puissances tierces à même de faire valoir, s'il y a lieu, leurs réclamations, qu'est requise la notification de la prise de possession (art. 34); c'est pour faire respecter les droits acquis et, le cas échéant, la liberté du commerce et du transit dans les conditions où elle aurait été stipulée, qu'est imposée l'obligation d'assurer, dans le territoire occupé, l'existence d'une autorité suffisante (art. 35).

---

[2] Le terme «notifier» a ici le sens tout spécial de *signification à partie* alors que, d'une manière plus générale, il s'entend comme synonyme de *rendre notoire* (voir ci-dessous, p. 104, note 1).

On le voit donc, ici encore il y a innovation. Ces prescriptions *introduites* dans le droit international, il a été, d'ailleurs, d'autant plus aisé au Gouvernement Français d'y souscrire, qu'elles s'inspiraient de ses propres traditions, tout en s'adaptant aux contingences locales (M. F., p. 209), et c'est d'après cette méthode que, pour exercer sa possession à Clipperton, il a placé cette île sous l'autorité de sa Division navale du Pacifique, c'est-à-dire d'une force pourvue de tous les moyens d'action suffisants pour satisfaire, le cas échéant, aux obligations sur lesquelles, trente ans plus tard, devait s'accorder la Conférence Africaine.

En résumé, ce premier paragraphe du Mémoire Mexicain avait pour objet d'établir que le « Droit International en « vigueur en 1858 exigeait une occupation effective », en s'appuyant sur un certain nombre d'extraits d'auteurs, sur trois tractations diplomatiques relatives à la côte Nord-Ouest de l'Amérique Septentrionale et sur l'Acte Général de Berlin.

Or, on croit avoir démontré ci-dessus :

Que, si les auteurs cités par le Mémoire Mexicain sont d'accord entre eux sur le principe de l'occupation réelle, les nombreuses définitions qu'ils en donnent, et entre lesquelles la Partie adverse s'est d'ailleurs abstenue de se prononcer, sont fréquemment contradictoires, et ne conduisent à aucune règle précise de pratique; que, toutefois, un principe commun s'en dégage, c'est que l'État occupant doit avoir la chose à sa *disposition*, et que c'est la base sur laquelle s'appuie le Mémoire Défensif Français pour déterminer, en ce qui concerne Clipperton, les conditions d'une occupation effective de l'île (pp. 78-83);

Que les différends de Port Nootka en 1790, de l'Oukase

russe de 1821, et du territoire de l'Orégon, qui se présentaient, d'ailleurs, dans des conditions différentes de l'espèce actuelle, ne fournissent point de règles de droit, dont il puisse être fait usage dans le présent débat. Ces incidents ne sauraient donc, au titre où ont pu l'être ceux qu'a rappelés le Mémoire Défensif Français, être cités ici comme précédents (pp. 83-94);

Enfin que, contrairement aux allégations de la Partie adverse, les règles de l'Acte Général de Berlin, concernant l'effectivité des occupations, ont été *introduites* par lui (et cela plus de vingt-sept ans après la prise de possession de Clipperton par la France) *dans les rapports internationaux* d'un nombre de Puissances restreint, et limitées dans leurs effets aux occupations nouvelles sur le littoral d'une zone de l'Afrique; qu'en outre, ces règles elles-mêmes ont constitué juridiquement une innovation; mais que, cependant, s'inspirant de doctrines qui étaient en harmonie avec celles du Gouvernement Français tout en les adaptant aux contingences locales, la Conférence Africaine a procédé suivant la méthode appliquée par la France à l'occupation de Clipperton (pp. 94-98).

En dernière analyse, on arrive à constater que l'Exposé de la Doctrine et des Règles de l'occupation effective, tel que le présente le Chapitre III du Mémoire Défensif Français, subsiste dans ses principes, comme dans ses conséquences juridiques.

§ 2 [1].

Défaut d'effectivité et par suite inefficacité de la prise de possession de l'île Clipperton par la France en 1858.

Il résulte du paragraphe précédent, dit le Mémoire Mexi-

---

[1] M. M., pp. 50-52.

cain, qu'en 1858, l'occupation devait revêtir un caractère effectif et qu'une simple déclaration de prise de possession ne
constituait pas alors une occupation effective.

« Quels sont les actes nécessaires pour affirmer
« l'autorité de l'État sur le territoire occupé, c'est
« une question qui peut se discuter, mais il est hors
« de discussion qu'il faut un acte; le défaut absolu
« et complet de tout acte est la négation pure et
« simple de l'occupation effective.

« Or, quel est l'acte, de quelque nature qu'il ait
« pu être, par lequel s'est manifesté de la part de la
« France, l'exercice de la souveraineté sur l'île Clip-
« perton ? Tout ce qui existe, en fait d'acte, c'est la
« déclaration de prise de possession et la notification
« au Gouvernement des îles Hawaï; rien de plus,
« pas même un de ces actes symboliques qu'on n'a
« jamais omis, alors que la nécessité de l'effectivité
« des occupations n'avait pas encore pénétré dans la
« conscience juridique des États, et qui offraient
« tout au moins l'avantage de faire connaître à ceux
« qui pouvaient y avoir intérêt la volonté du pré-
« tendu occupant :

« *La Déclaration de prise de possession de l'île :* mais
« c'est un acte que tous sans exception regardent,
« ainsi que nous l'avons vu, comme indiscutable-
« ment impropre à faire acquérir la souveraineté,
« s'il n'est suivi d'une prise de possession effective
« qui, en l'espèce, fait radicalement défaut. — *La*
« *Notification au Gouvernement des Iles Hawaï :* mais

« c'est un acte qui, quelle que puisse être sa valeur
« dans les relations de la France avec ce Gouverne-
« ment, ne saurait représenter, à l'égard du Mexique
« ou de tout autre État, un exercice quelconque de
« souveraineté *effective* sur l'île. Et puis, rien de plus.
« Non seulement la France n'a pas soin d'accomplir,
« fût-ce à de longs intervalles quelques actes d'auto-
« rité sur l'île, mais elle en ignore le sort. L'île est
« exploitée par des sociétés commerciales, complè-
« tement à son insu. En France même on ignore la
« prétendue souveraineté sur l'île Clipperton ou
« tout au moins, on ne s'en soucie pas. En 1882, il
« n'est pas en effet fait mention de la souveraineté
« française dans l'Atlas militaire de Saint-Cyr, non
« plus que dans la longue Notice du Grand Diction-
« naire de Larousse consacrée au marin Clipperton.

. . . .
. . . .

« En présence de ces faits, il serait malaisé de parler
« d'une *notoriété géographique* qui attribuerait l'île à
« la France. En tout cas, elle n'aurait aucune valeur
« juridique, puisque l'attribution de l'île aurait eu
« lieu sur la base d'un fait juridiquement impropre
« à faire acquérir à la France la souveraineté. Il est
« évident, en effet, que ce n'est pas la prétendue
« notoriété géographique qui peut remédier au dé-
« faut de titre, mais que c'est l'appréciation juri-
« dique du titre qui doit servir à corriger l'erreur
« dans laquelle seraient tombés quelques géogra-
« phes » (M. M., pp. 51-52).

Cette démonstration, comme un certain nombre d'autres allégations produites au Mémoire Mexicain, ne tient pas suffisamment compte des faits.

Le Gouvernement Français affirme, en effet, que sa souveraineté s'est exercée dans les limites et sous la forme que comportaient les circonstances, et de manière à donner pleine satisfaction à toutes les exigences de la doctrine et de l'usage. La preuve en a été donnée dans le Chapitre III de son Mémoire Défensif; il ne sera cependant pas hors de propos d'en rappeler les éléments, au cours de la réfutation qui va être faite des allégations de la Partie adverse.

Pour ce qui est de la prise de possession accomplie par M. Le Coat de Kervéguen, le Mémoire Mexicain ne semble plus, au moins autant qu'on peut s'en rendre compte, arguer d'insuffisance juridique les conditions dans lesquelles cet acte s'est accompli. Il relève simplement l'absence d'un acte symbolique, — ce qui revient sans doute à dire que le pavillon français n'a pas été arboré et qu'il n'a pas été érigé de croix ou de poteau. Cette observation se comprend assez malaisément, si l'on se rappelle qu'au paragraphe précédent la Partie adverse a noté, avec quelque satisfaction, et comme venant à l'appui de sa thèse sur la nécessité de l'occupation effective, que le Gouvernement Français n'attribuait pas de valeur efficiente au déploiement d'un pavillon ou à l'érection d'emblèmes (M. M., p. 49, alinéa 4). Ce cérémonial d'ordre interne, ainsi qu'on l'a montré dans le Mémoire Défensif Français, aurait été d'autant moins approprié en l'espèce actuelle, que Clipperton était une île inhabitée, inhabitable et presque inabordable. La méthode suivie par le Commissaire français a donné à l'établissement de la souveraineté française sur Clipperton une publicité bien autrement étendue — l'événement l'a prouvé — que ne l'eût été une manifestation locale accomplie en présence de l'équipage du bateau marchand français *Amiral*. Cette procédure, on le sait, a comporté tout d'abord la communication au Gouvernement Hawaïen de la Déclaration de prise de possession. Le Mémoire Mexicain fait remarquer que cet acte pouvait avoir une valeur au point de vue des rapports de la France avec le Gouvernement Hawaïen, mais qu'il ne représente pas à l'égard du Mexique ou de tout autre État un exercice quelconque de souveraineté *effective*. C'est peut-être aller un peu loin (voir ci-dessous, p. 149, al. 3); tout au moins, en effet, y a-t-il eu là une manifestation bien précise d'un fait qui est une des conditions essentielles de l'occupation, c'est que la prise de possession avait eu lieu avec l'intention d'acquérir la souveraineté.

Ici s'arrête, pour le Mémoire Mexicain, l'action de la souveraineté française concernant Clipperton : « et puis rien de plus », comme on a pu le lire dans la citation *in extenso* donnée ci-dessus.

Il y a eu cependant deux autres faits que le Mémoire Défensif Français a déjà signalés et qui ne sauraient être passés sous silence. Le premier, c'est l'insertion à cinq reprises différentes, du 17 Novembre 1858 au 15 Janvier 1859 (M. F., p. 13, note 1), de l'Acte de prise de possession dans le journal *The Polynesian*. Il en était fait mention dans le dossier des titres du Gouvernement Français, communiqué au Gouvernement Mexicain le 15 Juillet 1898 (M. F., p. 39, et lettre de M. Vossion, Consul et Commissaire de la République Française au îles Hawaï, *ibid.*, p. 292, ligne 12).

Et, comme on l'a déjà noté dans le Mémoire Défensif Français (p. 208), M. de Kervéguen, par la diffusion qu'il donnait à la prise de possession de Clipperton par la France, devançait pratiquement de vingt-sept années le résultat de l'évolution juridique, qui allait amener, en 1885, la Conférence Africaine à faire de la publicité une des conditions essentielles de l'effectivité des occupations. On a montré (M. F., p. 15) que c'était à Honolulu que se publiaient, à l'époque, les prises de possession des îles à guano, activement recherchées par les États-Unis et par le Gouvernement Hawaïen. L'événement — et on le rappellera ci-dessous à propos du déni opposé par la thèse mexicaine à la notoriété des droits de la France — a prouvé combien M. de Kervéguen avait touché juste [1].

---

[1] Il ne paraît pas hors de propos, en raison de l'objection formulée par le Mémoire Mexicain à propos de la notification au Gouvernement Hawaïen, de bien déterminer ici le sens du mot *notification*, et on citera à cet effet le passage suivant de l'ouvrage de WESTLAKE, *International Law* (Cambridge, 1910, Part I, p. 102, 2° alinéa) :

«Secondly besides the requirement of state authority there was that of publi-«city : *In newly discovered countries*, Lord Stowel said, *where a title is meant to be «established for the first time, some act of possession is usually done and proclaimed as «a notification of the fact*. Notification is here to be understood in the general sense «of making known, and not in the special sense of an express communication to «other powers in which it is used in the general act of the African Conference of «Berlin.»

(*Traduction*. «Secondement, en outre de l'exercice de l'autorité de l'État, on «requérait la publicité : *Dans des contrées récemment découvertes*, dit Lord «Stowel, *lorsqu'on se propose, pour le premier moment, de s'établir un titre, on fait «d'ordinaire quelque acte de possession en lui donnant par voie de proclamation une «publicité qui est considérée comme une notification de fait*. Notifier se prend ici dans «le sens général de faire connaître, et non dans le sens spécial de communica-«tion expresse à d'autres Puissances où l'emploie l'Acte Général de la Conférence «Africaine de Berlin.»)

Suivant cette définition, la communication au Gouvernement Hawaïen de l'acte de prise de possession de Clipperton a été une notification dans le sens spécial de l'Acte Général de Berlin, tandis que son insertion dans *The Polynesian* a été une notification au sens général du mot. C'est afin de prévenir la confusion à laquelle

Cette publicité, la Partie adverse, qui en avait été avisée, comme on vient de le dire, en 1898, la passe sous silence.

Le second fait, que laisse également de côté le Mémoire Mexicain, bien que M. Dumaine l'ait expressément visé dans sa lettre du 26 Décembre 1907 à M. Mariscal (M. F., p. 64, alinéa 5) et qu'il en ait précisé le caractère *conservatoire*, c'est la venue du *Duguay-Trouin* à Clipperton.

Il serait oiseux de revenir ici sur ce qui a été dit ci-dessus à ce sujet (p. 22, alinéa 3). Cependant, le Gouvernement Français ne saurait laisser exclure par prétérition, de cette partie du débat, une preuve aussi manifeste de la surveillance qu'il exerçait sur Clipperton au moyen de sa Division navale du Pacifique (M. F., pp. 178, 180, note 2, 181, 217, 218, 245).

Puis, sont venues les démarches diplomatiques du Représentant Français à Washington. On ne voit pas, il est vrai, que, dans le cours du débat, il ait été fait état de cette circonstance par la Légation de France. Mais cette intervention auprès du Gouvernement Américain a été divulguée par un télégramme inséré dans le *San Francisco Chronicle* du 29 Janvier 1898; il y était dit que la France revendiquait Clipperton (M. F., p. 349, alinéa 2). Il est dès lors peu probable que cette publication, reproduite dans le *Herald* de New-York, ait échappé au Gouvernement Mexicain, dont le Ministre à Washington suivait avec tant d'attention dans ce journal ce qui se rapportait à Clipperton (voir ci-dessus, p. 11, alinéa 3, et *Document* N° 1). D'ailleurs, n'y avait-il pas un Consul Mexicain à San Francisco? Puis, au

---

aurait conduit, depuis la Conférence Africaine, l'usage du terme de notification que, dans le Mémoire Défensif Français, on avait préféré se servir de l'expression *publicité*, qui ne peut prêter à aucune équivoque (voir par ex. p. 208, 3ᵉ alinéa).

moment où a dû se préparer le Mémoire Mexicain, c'est-à-dire après la Convention d'arbitrage de 1909, l'ouvrage de M. J.-B. Moore, *A Digest of International Law*, était depuis 1906 dans la circulation, et on sait que les démarches de l'Ambassade de France à Washington y sont expressément visées (M. F., p. 204, 4ᶜ alinéa).

Quoi qu'il en soit de ces observations, voilà trois manifestations qui font suite aux deux actes qu'a cités le Mémoire Mexicain, comme formant en l'espèce tout l'actif du Gouvernement Français. A la prise de possession et à la notification de cet acte au Gouvernement Hawaïen, il faut ajouter les cinq publications dans le journal *The Polynesian*, la visite du *Duguay-Trouin* à Clipperton le 24 Novembre 1897, et l'action diplomatique qui s'en est suivie à Washington.

Et, enfin, pourquoi ne pas rappeler ici les réclamations poursuivies dès le premier jour [1] à Mexico et qui ont abouti au présent arbitrage ? Quel meilleur témoignage pourrait être apporté de la ferme volonté du Gouvernement Français de ne pas abandonner sa souveraineté ? Il faut toutefois le reconnaître, si ces diverses manifestations n'étaient survenues qu'un assez long temps après l'expédition de la *Demócrata*, si la Division navale française était restée inactive alors que la présence du pavillon américain sur l'île avait été signalée, si le Gouvernement Mexicain avait pu se prévaloir d'une priorité d'intervention, la position juridique du Gouvernement Français ne laisserait pas que d'en souffrir. Mais, on le sait, la situation est

---

[1] Démarches que, néanmoins, le Mémoire Mexicain représente comme n'ayant eu lieu que *quelques mois* après la nouvelle de l'expédition de la *Demócrata* (voir ci-dessus, p. 5, alinéa 2).

précisément inversée au profit de la France. Le *Duguay-Trouin* a précédé de trois semaines, plus exactement de vingt jours, la *Demócrata* à Clipperton (M. F., pp. 21 et 27 alinéa 4) et les démarches de la Légation de France auprès du Gouvernement Mexicain sont antérieures aussi à l'insertion au *Diario Oficial* mexicain du rapport du Commandant de cette canonnière (M. F., *ibid.*, p. 26; voir aussi ci-dessus, p. 6).

On ne fera pas toutefois difficulté de reconnaître que, depuis la prise de possession de M. Le Coat de Kervéguen en 1858, jusqu'au passage du *Duguay-Trouin*, Clipperton n'avait pas été visitée par la Marine Française, bien que les mouvements de la Division du Pacifique aient amené parfois cette force dans son voisinage. C'est que, aussi longtemps que l'île restait déserte, qu'aucun incident spécial n'était signalé, c'eût été, en y allant, perdre un temps mieux employé ailleurs à la protection d'intérêts plus pressants. Il est vrai qu'au moment de l'arrivée du *Duguay-Trouin*, l'exploitation de l'île semble avoir été en cours depuis trois ou quatre ans. Mais il appartiendra à la Partie adverse, si elle a des observations à faire valoir touchant les conditions dans lesquelles le *Duguay-Trouin* est venu à Clipperton, de s'en ouvrir dans sa Réplique au Mémoire Français, et d'expliquer pourquoi, se prétendant investi de droits préexistants sur Clipperton, le Gouvernement Mexicain, quoique ayant l'avantage d'un voisinage relatif, a été moins diligent que le Gouvernement Français (M. F., p. 71, lettre F).

Peut-être cependant, voudra-t-on dire encore que peu importe en somme, au point de vue de l'occupation effective, que le Gouvernement Français ait agi ou parlé à Honolulu, à Washington ou à Mexico, alors que ce qui doit entrer en ligne de compte, ce sont les actes accomplis sur place, ce sont les saisies directes du *corpus rei*. L'envoi du *Duguay-Trouin* à Clipperton répond à cette objection. Comme on le fera remarquer ultérieurement, la méthode du Gouvernement Français a différé de celle du Gouvernement Mexicain. Le *Duguay-Trouin* a laissé les choses en l'état dans l'île, la *Demócrata* a recouru à l'expulsion. On comparera plus loin la valeur juridique des deux modes de procéder. Entre temps, le Mexique s'est inopinément établi dans l'île, et la Partie adverse ne voudra sans doute pas arguer, contre le Gouvernement Français, de ce qu'il ne soit pas en mesure de faire état ici d'actes ultérieurs d'administration locale, qui, étant données les circonstances, auraient nécessité l'éviction préalable du Mexique.

Ainsi, alors qu'il avait pris possession de Clipperton, qu'il l'avait publié, le Gouvernement Français, dès qu'il a eu connaissance d'un fait anormal survenu dans l'île, a détaché de la force navale permanente qu'il entretenait dans le Pacifique, une unité pourvue de tous les moyens pour exercer, si besoin était, les fonctions tutélaires de la souveraineté.

Il paraît, en conséquence, difficile de pouvoir dire que le Gouvernement Français, après la prise de possession de M. de Kervéguen, n'a, par aucun acte, affirmé sa souveraineté sur Clipperton.

Après lui avoir adressé le reproche d'inaction et d'abandon matériel, la Partie adverse incrimine le Gouvernement Français d'indifférence et d'abandon moral.

Tout d'abord, l'île a été exploitée à son insu par des sociétés commerciales étrangères. Est-ce bien au Mexique à soulever cette objection qui se retourne contre lui-même ? N'est-il pas beaucoup plus fâcheux pour lui, alors qu'il s'est réclamé

dans le Chapitre précédent de droits de souveraineté préexistants, et qu'il était plus rapproché de Clipperton, d'avoir laissé
les coudées franches à l'« Oceanic Phosphate Company »? L'inaction, blâmée par le Mexique chez le Gouvernement Français,
est cependant infiniment plus grave pour lui-même; l'expulsion
des travailleurs américains par la *Demócrata* montre en effet
que le Mexique considérait comme nécessaire, à l'affirmation de
sa souveraineté, de faire place nette. La présence de ces travailleurs étrangers ne prouve au contraire rien contre la France,
puisque, étant en mesure de les évincer, le *Duguay-Trouin* ne
l'a pas fait. Ce qui a préoccupé le Gouvernement Français, c'est
le pavillon étranger, et c'est ce point qu'il a sans retard traité à
Washington. Le Gouvernement Mexicain s'est montré, dans les
Documents de son Mémoire, moins bien informé que le Gouvernement Français. Ce qui l'a fait agir, c'est la crainte d'une occupation britannique dont il n'était pas question (M. M., *Document*
Nᵒ 1), alors qu'à Paris on savait fort bien qu'il s'agissait du
pavillon nord-américain, non du pavillon anglais (M. F., p. 21).

Mais voici maintenant deux omissions particulièrement signi-
ficatives aux yeux de la Partie adverse : c'est qu'il n'est pas
question de la souveraineté française dans l'*Atlas Militaire de
l'École de Saint-Cyr* en 1882 [1] ou dans le *Grand Dictionnaire
Historique* de Larousse. « Ce n'est que dans le *Nouveau Larousse*,
«publié depuis le commencement de la controverse avec le
«Mexique qu'on trouve mentionnée l'île de Clipperton avec
«cette indication : îlot situé dans l'Océan Pacifique et dont la
«France et le Mexique se disputent la possession ».

---

[1] Il a déjà été parlé de cet Atlas dans le Mémoire Mexicain (p. 22). Voir ci-
dessus, p. 68, alinéa 3.

On serait à même de citer d'autres atlas français où se trouverait la même lacune, sans cependant en concevoir d'inquiétudes pour la valeur de la cause de la France. Il eût été préférable que l'atlas dont il s'agit ici, et qui était établi et fourni par une maison d'édition privée, fût plus soigneusement composé. Mais cette omission a un caractère exceptionnel, alors qu'il en est autrement du côté mexicain (voir ci-dessus, p. 70, alinéa 2), et, comme on l'a déjà dit (p. 69, alinéa 2), on peut faire remarquer qu'il n'appartient pas au Gouvernement Mexicain de se montrer trop rigoureux.

Tout au moins, aurait-on été fondé à attendre de la Partie adverse qu'elle mît en balance avec les deux ouvrages précités, qu'elle oppose au Gouvernement Français, les divers documents sur lesquels, depuis le 15 Juillet 1898, son attention a été appelée officiellement, et qui classent Clipperton comme possession française. Au premier rang se présenteraient : le Recueil des *Instructions Nautiques*, publication officielle du Ministère de la Marine Française, puis viendraient le *Dictionnaire Géographique* de Vivien de Saint-Martin, les *Atlas* de Stieler et de Kiepert, l'important ouvrage de Petermann, les *Mittheilungen* (supplément au n° 35, *die Bevölkerung der Erde*); en outre, il avait été noté que le *Guide anglais pour la navigation du North Pacific Ocean* de Findlay, ainsi que la publication américaine le Lippincott's *Gazetteer du Monde Géographique* (Philadelphie, 1883), constataient que l'île de Clipperton était réclamée par la France (M. F., pp. 39 et 396). Dans sa lettre du 26 Décembre 1907, M. Dumaine, en rappelant ces ouvrages, y ajoutait l'*Almanach de Gotha* (M. F., p. 65, alinéa 5).

De ces références, dont la valeur a été signalée dans le Mémoire Défensif Français (p. 70, lettre D, et p. 243, alinéa 6), aucune mention n'apparaît dans le Mémoire Mexicain. Il suffit à la Partie adverse de trouver un Atlas Français de 1882 et le Dictionnaire de Larousse, où il ne soit pas parlé de la souveraineté française sur Clipperton, pour déclarer qu'

> « en présence de ces faits il paraît difficile de parler
> « d'une *notoriété géographique* qui attribuerait l'île à
> « la France ».

Il eût été cependant intéressant de connaître les motifs pour lesquels la valeur de publications telles que celles qui ont été ci-dessus rappelées est devenue, aux yeux de la Partie adverse, tellement négligeable qu'elle disparaît absolument devant les deux ouvrages qu'il lui a plu de citer. Quoi qu'il en soit, ici non plus, le Gouvernement Français ne saurait se désister de la démonstration qu'il a donnée, au cours de son Mémoire Défensif, de la notoriété de ses droits, en complétant sur certains points la liste des ouvrages déjà signalés à l'attention du Gouvernement Mexicain (M. F., p. 17, alinéa 3, et pp. suiv.). Faut-il aussi rappeler à ce propos, que, du côté de la Partie adverse, aucun document mexicain ou étranger n'a pu être produit qui fasse quelque mention du Mexique à propos de Clipperton (voir ci-dessus, p. 74) ?

Il conviendra d'attendre la réponse que, dans son Mémoire de Réplique, la Partie adverse donnera sans doute, cette fois, aux pièces produites du côté français. Cependant, dès maintenant, une remarque sera faite, c'est que, du côté mexicain, on s'est, pour ainsi dire, enlevé par avance le moyen de contester la force probante de la plupart de ces documents.

On voit, en effet, qu'au début de l'exposé de sa *Première Thèse*, le Mémoire Mexicain s'est référé, pour établir les coordonnées de l'île Clipperton, à certains ouvrages qu'il cite comme faisant autorité, et par exemple à l'*Atlas* de Schrader, au *Hand-Atlas* de Stieler et au Lippincott's *Gazetteer* (M. M., p. 12, alinéa 3). Or, ces publications sont précisément au nombre de celles que le Gouvernement Français a invoquées comme témoignage de la commune renommée acquise par ses titres à la souveraineté de Clipperton, et que la Partie adverse a écartées par prétérition.

D'ailleurs, est-il ajouté, cette notoriété géographique n'aurait aucune valeur en droit : l'attribution, par cette voie, de l'île Clipperton à la France a pour base un fait qui, juridiquement, était impropre à lui faire acquérir la souveraineté. Il n'y avait pas de titre, la notoriété ne pouvait en tenir lieu [1].

Cette argumentation confond deux questions distinctes. Les actes de la France à Clipperton ont-ils été de nature à lui créer des droits? C'est un point qui a été examiné ci-dessus, et que le Gouvernement Français espère avoir discuté à son avantage. En second lieu, quelle peut être la valeur, dans l'espèce actuelle, de la notoriété publique, de la commune renommée? C'est ce qu'il s'agit maintenant de rechercher. Le Gouvernement Mexicain fait remarquer, à bon droit, que la notoriété ne peut remplacer un titre. La notoriété géographique est ici, en

---

[1] Appartient-il à la Partie adverse de se montrer maintenant aussi exclusive, alors que l'argumentation de la *Deuxième Thèse* du Mémoire Mexicain invoque avec insistance des cartes et des documents géographiques, en un mot des éléments de notoriété ou de commune renommée, comme probabilité ou comme preuve des droits que l'Espagne aurait eus *ab antiquo* sur l'île de la Passion, *alias* île Clipperton. C'est ainsi que la carte de la Société mexicaine de Géographie et de Statistique est produite à l'appui de cette assertion — sans fondement d'ailleurs — que l'île de la Passion était considérée comme faisant partie des possessions espagnoles (voir ci-dessus, pp. 50, 62 et suiv.).

effet, la résultante d'un ensemble de documents, et il a été déjà marqué, dans le Mémoire Défensif Français, que la cartographie ne pouvait suffire à régler une question de souveraineté.

Cependant, lorsque les témoignages documentaires abondent, lorsqu'ils émanent de pays divers, absolument désintéressés dans l'affaire, lorsque leur diffusion est considérable, lorsqu'en un mot il y a notoriété, commune renommée (et c'est bien, malgré la dénégation sans preuves de la Partie adverse, ce qui résulte de l'enregistrement par la bibliographie mondiale de la souveraineté française sur Clipperton), on ne saurait vraiment dire que ce soit un élément négligeable, dans une affaire qui se traite *ex æquo et bono*. Tout au moins, y a-t-il là des indices qui doivent s'imposer à l'attention d'une Puissance tierce, le jour où elle veut faire acte d'occupation dans un territoire placé sous cette sauvegarde; mais c'est une considération sur laquelle on aura occasion de revenir au cours du paragraphe qui va suivre.

En résumé, les critiques dirigées, au point de vue du droit, dans ce second paragraphe contre l'action de la France à Clipperton ne sont pas fondées, car il n'y est pas tenu compte d'actes de souveraineté qui infirment directement les moyens allégués dans le Mémoire Mexicain.

Aussi longtemps donc que la Partie adverse n'en aura pas entrepris la discussion et réalisé la réfutation, le Gouvernement Français croit pouvoir considérer, comme produisant en sa faveur tous leurs effets, les considérations sur lesquelles, au cours du Chapitre III de son Mémoire Défensif, il s'est appuyé pour réclamer le bénéfice d'une occupation *effective* de l'île Clipperton.

§ 3 [1].

Effectivité et validité de l'occupation accomplie par le Mexique en 1897.

> « La conclusion certaine de tout cela », dit le Mé-
> moire Mexicain, « c'est que, par suite de *l'inefficacité*
> « *des actes accomplis*, la France n'a pas acquis, en
> « 1858, la souveraineté de l'île Clipperton, à sup-
> « poser même que cette île fût *res nullius*. En consé-
> « quence, le Mexique a pu valablement acquérir
> « cette île en 1897 et il l'a acquise en y accomplis-
> « sant des *actes effectifs d'autorité* qui présentaient
> « d'une manière incontestable toutes les conditi ns
> « exigées par le droit international ».

Ces actes, que le Mémoire Mexicain énumère et qui seront examinés tout à l'heure, représentent, aux yeux de la Partie adverse,

> « en raison de la nature de l'île qui n'est utilisable
> « que pour l'exploitation de dépôts de guano, de sa
> « petitesse, de son défaut d'habitants autres que le
> « personnel de l'exploitation, les actes de possession
> « les plus étendus et les plus efficaces qu'on se
> « puisse imaginer. Il est certain que le Mexique a
> « institué dans l'île une autorité régulière et per-
> « manente sous la protection de laquelle se développe
> « l'exploitation pacifique des richesses de l'île; et
> « n'est-ce pas précisément ce titre qui justifie et légi-

---

[1] M. M., pp. 53-54.

« time aujourd'hui les acquisitions territoriales? »
Donc, « soit par continuation de l'ancienne posses-
« sion espagnole, mais en s'inspirant des doctrines
« modernes, soit par une possession nouvelle affirmée
« pour la première fois en 1897, cet État possède
« et exerce indubitablement la souveraineté effec-
« tive, alors que la France a simplement déclaré vou-
« loir l'acquérir et que, même dans le cas où elle
« aurait pu valablement l'acquérir, rien n'a été fait
« par elle, de ce qui, en droit strict, y eût été né-
« cessaire ».

Afin de discuter ces propositions, on examinera tout d'abord
en eux-mêmes, et par comparaison avec ceux du Gouvernement Français, les actes dont se prévaut le Gouvernement
Mexicain, pour passer ensuite à la réfutation des conclusions
qu'il en tire.

Les faits sur lesquels s'appuie la Partie adverse sont les suivants :

1° Envoi d'un navire de guerre, aussitôt que surgirent des
bruits annonçant que d'autres États élevaient des prétentions
à la souveraineté de l'île (*Documents* Nos 1 et 2);

2° Expulsion des étrangers qui s'y trouvaient par la *Demócrata*
(*Document* N° 4);

3° Concession de l'exploitation à la « Pacific Islands Company », et rejet d'une demande formée par un autre requérant
(*Documents* Nos 3, 5, 6. 7, 8 et 9);

4° Nomination, tout d'abord d'inspecteurs intérimaires,
puis d'un préfet politique, à l'effet d'exercer l'autorité gouver-

ncmentale et de surveiller la Compagnie concessionnaire (*Documents* Nᵒˢ 10, 17, 18 et 19);

5º Envoi répété de détachements militaires (*Document* Nº 3o et annexes).

Une première constatation ressort de cette énumération, c'est que le Mexique qui, dans l'une des hypothèses où il s'est placé, se présente comme ayant continué une possession *déjà ancienne*, n'a cité, pas plus ici qu'en une autre partie de son Mémoire, aucun acte émanant soit du Gouvernement Espagnol, soit de lui-même depuis sa constitution en État autonome, jusqu'en Décembre 1897. Ses références ne s'appliquent donc qu'à la possession *nouvelle*, et n'ont pour point de départ que l'expédition de la *Demócrata*.

1º En ce qui concerne tout d'abord l'envoi d'un bâtiment, on sait, par ce qui a été rappelé plus haut, que le Gouvernement Français, à cet égard, jouit du bénéfice de l'antériorité de date. Il a été aussi noté à ce propos qu'on avait été plus exactement informé à Paris qu'à Mexico de ce qui se passait à Clipperton (voir ci-dessus p. 109). Sur ces deux points l'avantage n'est donc pas du côté mexicain (M. F. p. 71, lettres E et F). Ne convient-il pas, d'ailleurs, pour donner une représentation exacte des faits, de rappeler le voyage du bateau l'*Amiral* en 1858? C'était, il est vrai, un navire de commerce, mais il portait à son bord un officier de la marine militaire Française, qui avait mission de prendre possession de Clipperton. Ce voyage correspond, en réalité, à celui de la canonnière *Demócrata*, avant laquelle, on ne doit pas l'oublier, aucun bâtiment mexicain, voire même espagnol, n'avait, qu'on le sache, abordé dans l'île. M. de Kervéguen y a proclamé la souverai-

neté française et s'est remis en route. La *Demócrata* a, de plus,
expulsé trois personnes; mais, en admettant même que
M. de Kervéguen y eût été disposé, il lui eût été impossible
de prendre de semblables mesures, puisqu'à cette époque il
n'y avait à Clipperton que des oiseaux. Quant au voyage du
Duguay-Trouin, en 1897, il n'avait pas pour objet une prise de
possession, puisque, depuis près de quarante années, Clipperton appartenait à la France; c'était, on ne saurait trop le répéter, une opération de police et de surveillance, un acte d'exercice d'une souveraineté préétablie, une mesure *conservatoire*
(voir ci-dessus p. 105, alinéas 2 et 3).

2° Pour ce qui est maintenant de l'expulsion des étrangers
qui se trouvaient à Clipperton, l'action mexicaine a ici incontestablement dépassé celle de la France. Mais il semble douteux
qu'il y ait là un fait de nature à améliorer la situation juridique de la Partie adverse.

On a déjà établi dans le Mémoire Défensif Français (pp. 232
et suiv.) que le Mexique ne pouvait vraiment alléguer l'ur-
gence, et le Mémoire Défensif Mexicain vient maintenant, par
certaines des indications qu'il fournit, fortifier cette démonstration. Tout d'abord, si l'affaire était aussi instante, pourquoi le
Gouvernement Mexicain, qui était en possession au plus tard
le 30 Août 1897, de la note de son Ministre à Washington lui
signalant les bruits d'annexion anglaise (M. M., *Document* N° 1),
a-t-il attendu au 3 Décembre suivant pour mettre la *Demócrata*
en route (*ibid.*, *Document* N° 2)? Une fois le navire rendu sur
place, y avait-il péril en la demeure? Il résulte du journal *El
Tiempo*, cité par la Partie adverse (M. M., 2° annexe au *Document*
N° 1) comme donnant l'étiage de l'opinion (M. M., p. 3, ali-

néa 2), qu'à Mexico on se préoccupait moins de l'éventualité d'une prise de possession par les États-Unis[1] que de la perspective d'un débarquement britannique. Or, c'étaient des employés d'une compagnie américaine qui se trouvaient à Clipperton. Le Gouvernement Mexicain ne serait donc pas fondé à invoquer cet adage «nécessité fait loi», alors surtout que les gens que rencontrait la *Demócrata,* loin d'opposer une résistance quelconque, avaient commencé par prêter assistance au détachement qui allait les expulser. Il est vrai que le souvenir tout récent du passage du *Duguay-Trouin* avait dû les mettre complètement en confiance.

Les vues dont se sont inspirées les instructions au Commandant du *Duguay-Trouin* ont été exposées dans le Mémoire Défensif Français (pp. 21 alinéa 2, et 22) et il semble que le Gouvernement qui les a données puisse attendre avec confiance le résultat d'une comparaison entre les deux modes de procéder.

D'ailleurs, ce fait de l'expulsion a-t-il en lui-même une valeur réelle, au point de vue international? S'il s'était agi d'une contestation de souveraineté avec les États-Unis, peut-être le Mexique aurait-il été à même de prêter à cet acte, exécuté sur les employés d'une Compagnie de San Francisco, le caractère d'une protestation contre une intrusion du Gouvernement Fédéral. Mais vis-à-vis du Gouvernement Français, quel titre de souveraineté peut-il résulter, en faveur du Gouvernement Mexicain, de ce qu'il n'a pas souffert, sur ce qu'il considérait comme son territoire, la présence de ressortissants américains? Une semblable mesure n'est qu'un acte d'administration inté-

---

[1] Peut-être à raison de l'attitude très conciliante de ce Gouvernement dans l'affaire des îles Arenas (M. F., p. 205, alinéa 3).

rieure, ce n'est pas un des éléments constitutifs de l'acquisition
d'un territoire sans maître, par la voie de l'occupation. C'est
une manifestation du *jus abutendi*, c'est-à-dire d'un attribut
d'une souveraineté acquise, ce n'est pas, en droit des gens, un
des moyens d'arriver à cette souveraineté. Aucun des auteurs
cités par le Mémoire Mexicain n'a prévu ce mode d'«établissement», de «colonisation» ou de «culture». Dans la doctrine
actuelle de l'occupation, au moins telle que l'a formulée l'Acte
Général de Berlin, une semblable méconnaissance des droits
acquis serait loin d'être envisagée avec faveur.

3° Quant à l'octroi d'une concession à une entrepriseprivée,
on a noté plus haut (p. 81, alinéa 3) que ces idées de colonisation, de culture, que certains des auteurs cités par la Partie adverse mettent au nombre des modes de l'occupation réelle, con-
fondent deux concepts très distincts, la souveraineté et la propriété. Le Gouvernement Français n'a, quant à lui, jamais
compris qu'il fût tenu, pour conserver sa souveraineté, de con-
céder ou d'exploiter les gisements, guanifères ou autres, qui
pouvaient se trouver à l'intérieur de ses territoires. Ce sont des
questions purement internes, et qui relèvent des solutions que,
dans sa pleine indépendance, l'État Souverain juge à propos
d'y donner. Néanmoins, si le Mexique attache une telle importance à ce fait d'un acte de disposition, on rappelera qu'ici
encore le Gouvernement Français avait pris les devants, en
accordant à M. Lockhart, en 1858, la concession de l'exploitation du guano à Clipperton (M. F. p. 7). M. Lockhart n'a pas
exploité; mais si, par exemple, la «Pacific Islands Company»
était, elle aussi, restée inactive, le Gouvernement Mexicain
voudrait-il dire qu'il y aurait eu obligation pour lui, sous peine

de compromettre sa souveraineté, de continuer l'extraction du guano, ou de trouver un nouvel entrepreneur, puisque, de son aveu même, c'est la seule industrie que comporte Clipperton? Il semble que poser cette question, ce soit, en même temps, y répondre.

Et, à cette occasion, il ne sera pas sans doute hors de propos de rappeler que, dans ses rapports avec M. Lockhart, le Gouvernement Français avait soigneusement séparé ce qui était prise de possession, et ce qui était octroi de la concession, en se réservant liberté absolue de décision pour l'acquisition de la souveraineté (M. F., pp. 6 alinéa 2, et 69 lettre B).

Les droits d'une nation sur un territoire ne se mesurent pas plus aux mesures d'expulsion qu'on y a prises, qu'à la quantité de produits qu'on en a retirés.

Avec les Nos 4° et 5°, on revient sur le terrain de la Souveraineté proprement dite. Il s'agit des conditions dans lesquelles le Gouvernement Mexicain a organisé l'exercice permanent de son autorité à Clipperton. A cet effet, il a été nommé des représentants permanents (N° 4), des détachements de troupes ont été envoyés (N° 5).

Les premiers représentants du Mexique à Clipperton étaient, dit le Mémoire Mexicain, des *inspecteurs intérimaires* chargés de conserver la possession de l'île Clipperton et de surveiller l'accomplissement des obligations assumées par la Compagnie concessionnaire, en informant le Gouvernement de tout fait nouveau. Le premier, M. Douglas Freath, aurait été en fonctions du 10 Mai au 7 Novembre 1898, le second, le capitaine Benjamin Edward Holman, à partir de cette date (M. M., p. 5 2° alinéa, et *Documents* Nos 10 et 17). On ne voit pas, d'après le Mémoire Mexicain, quelle était la nationalité de ces deux inspecteurs intérimaires, ni s'ils faisaient partie de l'administration mexicaine, ou si, ce qui paraîtrait probable, ils cumulaient la délégation reçue du Mexique avec un emploi de la Société concessionnaire. Mais, en 1905, le Colonel du génie, Abelardo Avalos, est nommé *Préfet Politique* de l'île pour en « réorganiser » [1] le gouvernement et l'administration (M. M., p. 6, alinéa 1 et *Document* N° 18); d'après l'article du *Diario Oficial* du 2 Juillet 1906, il aurait été encore en fonctions à cette époque. Toutefois, il ressort clairement des documents présentés par la Partie adverse (N° 30), que le Gouvernement Mexicain a entretenu de 1905 à 1910 un détachement armé à Clipperton. On voit même, par un ordre du 27 Août 1908 (M. M., *Document* N° 30), que ces soldats pouvaient travailler pour la Compagnie concessionnaire [2]. Au point de vue du Gouvernement Français, ces observations n'ont pas le caractère d'une critique, puisque la thèse soutenue dans son Mémoire n'eût pas exigé l'entretien d'une force armée permanente à Clipperton. Mais, comme la Partie adverse se montre plus exigeante, peut-être eût-il été plus conforme à sa doctrine que la garnison de Clipperton n'ait pas été autorisée à se mettre aux gages de particuliers.

Du reste, considérés en eux-mêmes et abstraction faite des

---

[1] Plus exactement : « organiser »... Voir ci-dessous p. 157, note 1.

[2] C'est ce qui rendrait vraisemblable que MM. Freath et Holman aient réuni le double caractère de représentants du Gouvernement et d'agents de la Compagnie. On voit aussi (*Document* N° 30, ordres des 6 Mars, 12 Octobre 1906; 7 Décembre 1907; 13 Avril, 27 Août 1908; 14 Octobre 1909; 14 Février, 24 Juin, 10 Octobre 1910, que les femmes de ces soldats pouvaient les suivre, ce qui expliquerait peut-être, sans cependant lui donner plus de valeur juridique, l'Arrêté du 26 Avril 1907, qui a organisé l'État civil à Clipperton (M. F., pp. 62 et 425).

autres défectuosités juridiques dont, en raison de l'insuffisance du titre mexicain, ils peuvent être susceptibles, ces envois de troupes sont-ils opposables à la France dans les mêmes conditions qu'à d'autres Puissances? On ne le pense pas.

L'inaction absolue, observée antérieurement par le Gouvernement Mexicain, qui cependant prétend, mais à tort on le sait, à des droits historiques sur Clipperton, montre qu'aussi longtemps qu'une intrusion étrangère n'a pas paru être à redouter, c'est-à-dire avant 1897, on ne saurait faire grief au Gouvernement Français de ne pas avoir fréquenté cette île. Ultérieurement, alors qu'un coup de force eût été nécessaire pour se substituer au Mexique, il n'appartiendrait pas à la Partie adverse de reprocher au Gouvernement Français de s'en être abstenu.

Enfin, on a relevé dans le Mémoire Défensif Français le caractère occasionnel et anormal que prend l'activité du Mexique à Clipperton, alors que l'archipel des îles Revilla Gigedo, beaucoup plus facilement exploitable, est resté complètement abandonné (M. F. pp. 236 et 248). L'occasion se présentera d'en parler encore un peu plus loin (p. 157, alinéa 3).

La portée, dans le débat actuel, de ces deux faits, envoi de fonctionnaires et de troupes, étant ainsi mise à son point, on voit que, pour les autres actes *d'autorité* dont veut se prévaloir la Partie adverse, les situations se font pour ainsi dire pendant, sans cependant s'équivaloir, puisque le Gouvernement Français conserve le bénéfice de l'antériorité. Il est toutefois du côté mexicain, une initiative dont ne se trouve pas la contre-partie du côté français, c'est l'expulsion à main armée de colons qui venaient de faire leur soumission, c'est le brusque arrêt sans avertissement préalable d'une exploitation pacifique; mais le

Gouvernement Français, comme on l'a déjà dit, ne se sent
aucunement diminué ni atteint dans ses droits, pour ne pas
avoir à produire des actes de la nature de ceux dont la Partie
adverse juge bon de se faire avantage.

Telles sont les remarques particulières que, pris isolément,
suggèrent les « actes effectifs d'autorité » invoqués par le
Mexique. Il reste maintenant à les apprécier dans leur ensemble
au point de vue des règles générales du droit.

Dans cet ordre d'idées, l'occupation dont, au cours de ce
chapitre, se réclame la Partie adverse, apparaît comme frappée
de trois vices essentiels : précarité de la possession, incertitude
et caractère contradictoire des titres invoqués et enfin état de
choses exclusif d'une prise de possession mexicaine.

On avait eu déjà, dans le Chapitre III du Mémoire Défensif
Français, à signaler la précarité juridique de l'établissement
mexicain à Clipperton. Il semble inutile de revenir ici sur cette
démonstration, qui se trouve maintenant singulièrement forti-
fiée par certaines circonstances qu'est venu révéler le Mémoire
Défensif Mexicain.

Il est ressorti tout d'abord en effet de la discussion de l'*Exposé
des Faits* Mexicain (p. 7, alinéa 3) que, concurremment aux protestations de la Légation Française, les revendications étrangères
qui pouvaient atteindre Clipperton avaient été signalées par les
Compagnies phosphatières anglaises, et que, de plus, dans ses
arrangements avec ces sociétés, le Gouvernement Mexicain
avait personnellement reconnu le caractère contestable de sa
situation à Clipperton.

Et, à propos des représentations de la France, on avait

établi aussi, dans le Mémoire Défensif Français (p. 246, alinéa 3), qu'il semblait vraiment bien malaisé d'admettre le
Mexique à faire juridiquement état de l'ignorance dont il avait
excipé pour justifier ses premiers actes à Clipperton. Mais, on
a eu, au cours du présent Mémoire de Réplique, à noter dans
la discussion de l'*Exposé des Faits* Mexicain (p. 13, alinéa 2),
cette circonstance encore plus fâcheuse que, d'après les documents produits par la Partie adverse, le Gouvernement Mexicain
avait disposé des gisements de l'île sans s'être éclairé sur son
statut international, et que, c'est conscient de l'insuffisance de
son dossier, qu'il avait poursuivi le débat et procédé aux « actes
d'autorité », dont il voudrait se prévaloir aujourd'hui.

Pour ce qui est maintenant, en second lieu, du caractère
incertain et contradictoire des titres invoqués, c'est le Mémoire
Mexicain qui l'atteste, avec le passage déjà cité des conclusions
sur lesquelles s'est terminé le paragraphe dont il s'agit ici :

> « soit par continuation de l'ancienne possession espa-
> « gnole, mais en s'inspirant des doctrines modernes,
> « soit par une possession nouvelle affirmée pour la
> « première fois en 1897, le Mexique possède et
> « exerce indubitablement la souveraineté effective
> « sur Clipperton. »

Ainsi donc, dans une première hypothèse, le Mexique détien-
drait l'île comme successeur de l'Espagne. On a démontré ci-
dessus, à l'encontre de la *Première Thèse* Mexicaine (pp. 41
et suiv.), que Clipperton n'avait jamais appartenu à la Couronne espagnole. Admettons cependant cette prétention; elle
se présente comme absolument inconciliable avec le titre nou-

veau que la Partie adverse veut tirer de l'expédition de la *Demócrata* en 1897, et des faits qui l'ont suivie.

Il y a là deux situations qui s'excluent : on n'acquiert pas ce qu'on a déjà. Prétendre avoir occupé Clipperton en 1897, c'est dire qu'on n'y avait auparavant aucun droit; prétendre à une souveraineté antérieure, c'est annuler une prise de possession ultérieure. Ainsi donc, ou le Mexique se présente du chef de l'Espagne, ou il se présente du sien. Il y a un choix à faire entre les deux qualités. Or la Partie adverse prétend les cumuler.

Juridiquement il faut cependant, pour acquérir, un titre défini et qu'on ne peut se changer à soi-même. On avait déjà noté, à propos de l'énoncé des thèses mexicaines (p. 30, alinéa 2), cette ambiguïté, qui vicie l'argumentation de la Partie adverse. Du côté de la France, au contraire, on ne peut que constater l'absence de toute équivoque. Aucune lacune ne se manifeste dans l'acquisition de la souveraineté : prise de possession réelle; puis proclamation de l'incorporation de Clipperton au territoire français; enfin, possession continue.

En troisième lieu, le Mexique pouvait-il, en 1897, dans les conditions où se présentait la situation à Clipperton, songer à une prise de possession? Était-ce bien l'opération que la *Demócrata* avait pour mission de réaliser? Son envoi n'avait-il pas plutôt pour objet d'opposer à une intrusion étrangère l'affirmation d'une souveraineté préétablie? En examinant les choses de plus près, c'est la conclusion à laquelle amène, pour ainsi dire nécessairement, l'attitude du Gouvernement Mexicain, telle qu'elle résulte de son langage et des documents qu'il a produits. C'était, du reste, on le fera voir, la seule mesure qui fût applicable en l'espèce, l'île n'étant pas, à ce moment, susceptible, en droit, d'une prise de possession efficace.

L'article du journal *El Tiempo* que la Partie adverse présente comme le facteur principal de l'envoi de la *Demócrata* (M. F., p. 27, alinéa 3, et M. M., *Document* N° 1) réclamait franchement Clipperton comme appartenant au Mexique (voir ci-dessus, p. 12, alinéa 3). Ses arguments étaient, il est vrai, erronés; on voit cependant par la réponse faite par M. Aspiroz à M. Benoît, en Janvier 1898 (M. F., p. 26) qu'à cette époque, le Gouvernement Mexicain les tenait pour fondés.

Et c'est bien sur ce terrain de la souveraineté antérieure que se place la note du Ministère des Affaires Étrangères, qui sert d'avant-propos à la publication, dans le *Diario Oficial* du 10 Janvier 1898, du rapport du Commandant de la *Demócrata;* il y est simplement parlé d'une *reconnaissance* de Clipperton, *qui fait partie du territoire mexicain* (M. F., pp. 351, et 374, alinéa 1er). Sous cette forme, l'expression ne peut évidemment que procéder d'une possession antérieure, et les instructions données ensuite par le Commandant de la *Demócrata*, à l'officier qu'il envoie à terre, sont seulement de faire reconnaître, par les habitants qui seraient trouvés sur l'île, les droits du Mexique (M. F., p. 358, N° 6 et p. 382, N° 6); c'est, du reste, l'injonction qu'adresse ledit officier aux employés de l'« Oceanic Phosphate Company » (M. F., p. 359, alinéa 5, et p. 383, alinéa 5). Puis, le 14 Décembre 1897, le pavillon national est hissé sur l'île avec les honneurs réglementaires (M. F., p. 360, premier alinéa et p. 384, premier alinéa), mais on ne voit ici apparaître aucune déclaration de prise de possession de la nature de celle par laquelle, en 1858, M. de Kervéguen caractérisait l'opération qu'il venait d'accomplir (M. F., pp. 293 et 294).

En somme, la *Demócrata* — le rapport de son Commandant le prouve — a été affirmer à Clipperton les droits de souveraineté qui, d'après l'article d'*El Tiempo* et suivant le langage de M. Aspiroz, appartenaient déjà au Mexique. C'est d'ailleurs bien ainsi que, dans sa *Troisième Thèse*, le Mémoire Mexicain caractérise, et en termes formels, l'opération qui s'est alors accomplie [1].

En 1897, il n'y a donc pas eu de prise de possession, et, par suite, pas d'occupation de la part du Mexique. En conséquence, les « actes d'autorité effective », énumérés au cours de ce Chapitre par la Partie adverse, sont à considérer comme continuant ou complétant une possession antérieure. Quelle serait leur valeur à ce point de vue, c'est ce qui sera examiné à l'occasion de la *Troisième Thèse*. Pour le moment, la question peut attendre ; l'important était de préciser le caractère et la portée des opérations de la *Demócrata* en 1897.

Au reste, si l'on se reporte à l'état de choses en face duquel se trouvait le Mexique, il en ressortira clairement que la pensée de procéder à une occupation ne pouvait se présenter.

Que venait-il, en effet, de se passer ?

Le *Herald*, de New-York, annonce, en Août 1897, que le

---

[1] « . . . iu fatti quando, nel 1897, senti il bisogno di riaffirmare con atti concreti la storica padronanza dell' isola. . . . » (*Traduction*) : « . . . en effet, quand en 1897, il sentit le besoin d'affirmer, par des actes concrets, sa souveraineté historique. . . . » (M. M., p. 58, ligne 8).

pavillon anglais va être arboré sur l'île Clipperton (M. M., p. 3, alinéa 1). Un journal de Mexico (*El Tiempo*), considérant que l'île appartient au Mexique, réclame des mesures. La canonnière *Demócrata* est mise en route avec ordre de *visiter* l'île et d'exiger le départ de ses habitants (M. M., p. 3, alinéa 2). Le Commandant de la *Demócrata* fait en conséquence place nette.

L'acte est sommaire; en droit strict, il est cependant explicable, en tant du moins qu'il s'accomplisse au titre d'une souveraineté préexistante. Chaque État agit chez soi à son gré.

Si, par contre, on se place dans l'hypothèse où le Mexique n'aurait eu aucun droit à faire valoir, l'envoi de la *Demócrata* ne se conçoit plus, car il ne peut pas être ici question d'acquérir une île qui n'est pas *nullius*.

C'était déjà beaucoup que le Mexique expédiât sa canonnière pour prendre possession de Clipperton, alors que, contrairement à l'information du *Herald*, l'article du 24 Août 1897 d'*El Tiempo* qui, le Mexique l'a dit, a mis en mouvement toute l'affaire (voir ci-dessus, p. 12, alinéa 3 et note 2), attribuait l'île aux États-Unis. Or, en arrivant à Clipperton, c'est le pavillon des États-Unis qu'y rencontre la canonnière mexicaine. Les gens qui exploitent l'île se présentent comme les employés d'une compagnie américaine (M. F., p. 226). Est-ce donc là un territoire offrant les apparences d'être *nullius*, et dès lors susceptible d'une prise de possession? Assurément non.

Ainsi, envisagée comme point de départ d'une possession nouvelle, l'expédition de la *Demócrata* est inadmissible juridiquement, même en faisant abstraction des droits antérieurs de la France. Les actes qui l'ont suivie seraient viciés dans leur principe et en conséquence inopérants. On ne saurait donc penser que le Mexique ait voulu, en 1897, prendre possession de Clipperton; il ne pouvait, en effet, le vouloir [1].

En un mot, après avoir établi, à propos de la *Première Thèse* mexicaine, le mal fondé des prétentions qu'elle émet à des droits historiques sur Clipperton, le Gouvernement Français espère avoir démontré, au cours de ce Chapitre, qu'il n'a pas été donné non plus à la Partie adverse de justifier, au point de vue juridique, les critiques qu'elle élève par sa *Deuxième Thèse* contre l'attitude de la France et l'apologie qu'elle tente de faire de ses propres actes.

C'est vainement, en effet, que le Mexique veut se réclamer contre le Gouvernement Français du principe de l'effectivité, ou, plus exactement, de la réalité de l'occupation. Aucun des auteurs cités par la Partie adverse (§ 1) ne fournit de cri-terium, duquel il doive résulter que prendre solennellement possession d'un atoll désert, qui était bien *nullius*, dans des conditions de publicité qui se sont imposées à la commune renommée, et qu'y entretenir ensuite à proximité une force navale, dont l'action s'est manifestée au moment voulu, ce ne

---

[1] Il semble que la question de Clipperton se soit successivement présentée au Gouvernement Mexicain sous des aspects différents.

Tout d'abord, on se serait cru, à Mexico, investi de droits historiques (article d'*El Tiempo* du 24 Août 1897, *Document* n° 11 du 4 Mai 1898); la *Demócrata* est envoyée à Clipperton. Mais, comme les recherches dans les Archives n'aboutissent pas, et que le Gouvernement Français insiste pour avoir réponse, on pense à l'occupation, et on passe sur le terrain juridique (Lettres de M. Mariscal du 30 Septembre 1898 et du 3 Août 1906, M. M., pp. 41 et 58). Cependant, les investigations continuaient (*Document* n° 28). Finalement, ne se trouvant sans doute pas assez fort avec un seul de ces deux titres, on les a invoqués tous les deux (M. M., p. 54, ligne 7; voir aussi ci-dessus, p. 124, alinéa 3). Telle est au moins l'impression que laisse une étude attentive et comparée de l'ensemble de l'affaire.

soit pas satisfaire aux exigences même les plus rigoureuses et les plus récentes de la doctrine en matière d'occupation effective. Et telle est bien, comme l'a exposé le troisième Chapitre du Mémoire Défensif Français, en dépit des critiques du Mémoire Mexicain (§ 2) la situation de fait et de droit acquise et conservée par la France. Quant aux « actes mexicains de domination » dont se prévaut la Partie adverse (§ 3), ils seraient à mettre déjà hors de cause, comme ayant été ou devancés ou compensés par l'action de la France, si, de l'aveu même du Mexique, ils ne se trouvaient, en outre, frappés d'une irrémédiable précarité.

D'ailleurs, est-il même loisible à la Partie adverse, après s'être présentée, dans sa Première Thèse, comme héritière de droits acquis *ab antiquo* par l'Espagne, de venir maintenant invoquer au titre de l'expédition de la *Demócrata* le bénéfice d'une occupation *nouvelle?* Il y a à la fois contradiction et incompatibilité entre ces deux prétentions. Le Mémoire Mexicain cependant ne choisit pas, pas plus d'ailleurs qu'il ne s'est préoccupé de tirer la synthèse des auteurs qu'il a cités, pour déterminer ce qu'il y a lieu d'entendre par « occupation effective ». Mais il y a plus, on est amené à reconnaître qu'en dernière analyse le Mexique ne pouvait, en 1897, vouloir prendre possession de Clipperton et qu'en fait il ne l'a pas voulu.

En 1897, la voie de la prise de possession se fermait donc au Mexique qui, dès lors, se trouve maintenant inhabile à prétendre faire état d'actes d'occupation consécutifs à un fait inexistant en droit. Le titre espagnol est le seul qui, au point de vue juridique, lui resterait accessible. Mais, on sait par l'examen de la thèse géographique et historique du Mémoire Mexicain, que l'île dont il s'agit n'a jamais été rattachée au domaine colonial espagnol, et que, même s'il en avait été ainsi, rien ne prouverait son attribution à l'ancien Vice-Royaume de la Nouvelle-Espagne.

Ainsi donc, du côté mexicain, ni droits historiques, ni occupation; du côté de la France, occupation régulière et réelle, tel est le bilan des situations respectives au moment où va être abordée, dans le Chapitre suivant, la troisième et dernière thèse du Mémoire Mexicain.

V

«TROISIÈME THÈSE» ᴍᴇxɪᴄᴀɪɴᴇ : «A SUPPOSER QUE LA
«FRANCE AIT ACQUIS EN 1858 LE DROIT D'OCCUPER
«L'ÎLE CLIPPERTON, CE DROIT NE SERAIT PAS OPPO-
«SABLE AU MEXIQUE ET EN TOUT CAS SE SERAIT
«ÉTEINT PAR LE NON-USAGE [1] ». — *Discussion et ré-
futation.*

Les deux premières Thèses du Mémoire Mexicain supposaient
que, soit par suite des droits antérieurs du Mexique, soit par
suite de l'inefficacité de ses actes en 1858, la France n'avait
jamais eu aucun droit sur Clipperton. Ici, la Partie adverse
veut bien admettre qu'en 1858 le Gouvernement Français
avait acquis le droit d'occuper Clipperton, mais en prétendant,
toutefois, que ce droit a été perdu par le non-usage.

> «...selon certains auteurs anglais dont nous avons
> «précédemment reproduit les passages [2], et aux-
> «quels pourraient se joindre d'autres plus récents »,
> dit le Mémoire Mexicain (p. 55), «... la découverte
> «d'un territoire et la manifestation de la volonté de
> «l'acquérir, sans être accompagnées d'une occupa-
> «tion effective, peuvent constituer un *titre initial* [3]

---

[1] M. M., pp. 55-59.

[2] M. M., p. 37, Wɪʟᴅᴍᴀɴɴ, *Institutes of International Law;* p. 38, Pʜɪʟʟɪᴍᴏʀᴇ,
Commentaries upon International Law; p. 41, Twɪss, *The law of Nations considered
as independent political communities.*

[3] Il semble qu'en français l'expression *titre initial,* qui correspond aux termes

« (*inchoate title*) pour son acquisition. Dans notre cas,
« on ne peut certainement parler d'une découverte
« de l'île par la France ; mais, comme il subsiste la
« déclaration de la volonté de l'acquérir, pour ne
« négliger aucune des hypothèses pouvant donner un
« fondement quelconque aux prétentions françaises
« actuelles, nous examinerons si, d'une façon quel-
« conque, elles pourraient se baser sur cette théorie,
« en tant que, il convient de le noter, elle ait jamais
« été invoquée ou acceptée par la France.

« Et tout d'abord, quel est le droit résultant du
« *titre initial* de la découverte, et de la déclaration
« de volonté ?

« Il est certain, et il résulte très clairement de
« l'explication qu'en donnent les jurisconsultes an-
« glais, qu'il s'agit d'un droit différent de celui qui naît
« de l'occupation effective ; autrement, on ne pour-
« rait parler d'un titre initial distinct de celui de
« l'occupation, et on devrait purement et simplement
« dire que la découverte et la volonté d'acquérir
« confèrent, à l'égal de l'occupation, la souveraineté
« territoriale. La différence consiste en ceci, que de
« l'occupation naît le droit de souveraineté, c'est-

---

italiens *titolo iniziale*, ne rende pas suffisamment les mots anglais *inchoate title*.
Titre commencé, *commencement de titre*, paraîtraient mieux appropriés. Dans l'édition française de Twiss (Paris, 1887), on trouve, pour *inchoate title*, *titre provisoire* (p. 181, § 118, ligne 13). Mais *inchoate title* laisse l'impression d'une signification quelque peu différente, et *commencement de titre* se présenterait comme
mieux en rapport avec l'exposé de la doctrine de l'*inchoate title* que donne Westlake
(voir ci-dessous, p. 139 et p. 140, note 1). Dans les pages qui suivront, les
mots *commencement de titre* voudront donc dire *inchoate title*.

« à-dire la puissance sur le territoire, tandis que, du
« titre initial découle simplement un droit vis-à-vis
« des autres États, à cette fin qu'ils s'abstiennent
« d'occuper, comme ils le pourraient, ce territoire,
« que l'État se réserve d'occuper dans un certain
« délai, ne pouvant le faire immédiatement. Pour
« nous exprimer en langage technique, nous dirons
« que l'occupation, accomplie selon les modes exigés
« par le droit international, fait acquérir un *droit*
« *sur le territoire*, c'est-à-dire un droit opposable à
« tous les autres États; le *titre initial* peut être la
« source de *rapports obligatoires* entre l'État en faveur
« duquel il subsiste et un ou plusieurs États qui le
« reconnaissent.

« La conception clairement exprimée par les juris-
« consultes anglais et spécialement par Twiss qui a
« développé ce point avec une ampleur et une pré-
« cision particulières, est en effet que les États, en
« reconnaissant d'une manière expresse ou tacite la
« volonté d'occuper un territoire *res nullius*, mani-
« festée par un autre État, surtout si c'est celui qui
« l'a découvert, assument l'obligation de s'abstenir
« d'en accomplir eux-mêmes l'occupation pendant le
« délai raisonnable qui, selon les circonstances, peut
« être nécessaire pour effectuer l'intention mani-
« festée.

« Quelques-uns parlent d'une obligation imposée
« par la *Comitas gentium*, c'est-à-dire non juridique;
« mais, même si l'on veut admettre l'existence d'une
« obligation juridique, il est certain : 1° qu'elle naît

« de la reconnaissance, expresse ou tacite, de la vo-
« lonté de se réserver l'occupation de ce territoire,
« et que, par suite, elle ne subsiste pas, si ladite
« volonté n'a été d'aucune manière portée à la con-
« naissance de l'État à l'égard duquel on veut affir-
« mer ses prétentions ; 2° qu'elle subsiste seulement
« pendant le laps de temps qu'on peut, eu égard aux
« circonstances, considérer raisonnablement comme
« nécessaire pour effectuer l'occupation. Or, l'un et
« l'autre criterium démontrent de la façon la plus
« évidente que, dans l'espèce actuelle, la France ne
« peut élever aucune prétention de ce genre. »

Le Mémoire, passant alors (p. 57) à la question de fait,
constate que c'est seulement au Gouvernement des îles Hawaï
qu'a été notifiée la déclaration de prise de possession de Clipperton. Mais cette notification

« ne peut tenir lieu de celle qui n'a pas été faite au
« Mexique ».

En conséquence,

« celui-ci a pu légalement ignorer, comme il a en
« fait ignoré, la prétention élevée par la France...
« M. Le Coat de Kervéguen se trouvait dans l'erreur
« sur la véritable condition juridique de l'île ; il pen-
« sait peut-être que des oppositions viendraient de
« la part du Gouvernement des îles Hawaï, et il ne
« pensait pas à celles bien autrement sérieuses et
« fondées que le Mexique n'aurait pas manqué de
« faire valoir. Ainsi il arriva, d'autant plus aisément
« que la prétendue occupation française de 1858 ne

« s'est pas manifestée par un signe symbolique quel-
« conque, que le Mexique ignora complètement
« l'acte accompli par la France ; en effet, quand, en
« 1897, il sentit le besoin d'affirmer de nouveau
« par des actes extérieurs sa souveraineté historique
« sur l'île, ce ne fut pas en prévision de contesta-
« tions possibles de la part de la France ; et ce n'est
« pas de celle-ci que se préoccupait l'opinion pu-
« blique qui invitait le gouvernement à agir, comme
« on peut le voir par l'article du journal *El Tiempo* du
« 24 Août 1897 reproduit au Document N° 1. »

D'ailleurs, il faut, de l'avis de tous les auteurs, que le *titre initial* soit complété

« au moyen d'une occupation effective dans le délai
« le plus bref que permettent les circonstances »
(M. M., p. 58, alinéa 2).

Or, l'inaction complète et prolongée de la France à Clipper-ton ne peut s'expliquer que par

« une renonciation aux droits quelconques que le
« Lieutenant de Vaisseau Le Coat de Kervéguen
« aurait pu éventuellement lui faire acquérir en
« 1858... S'il est un cas typique d'abandon d'un
« droit, c'est le nôtre » (*Ibid.*, p. 59 *in fine*).

Ainsi qu'on le voit, l'argumentation mexicaine se divise en-core ici, comme pour la thèse précédente, en deux parties : l'une vise la question de doctrine d'une manière générale, l'autre veut, au nom des principes qu'elle croit trouver dans cette étude préliminaire, justifier ses prétentions et infirmer les droits du Gouvernement Français.

Tout d'abord, il conviendra de dégager certains points de fait.

A propos de la *Deuxième Thèse*, la Partie adverse avait excipé à la fois de titres provenant, soit du patrimoine espagnol, soit de l'expédition de la *Demócrata* en 1897 et des actes qui s'en sont suivis. Dans cette *Troisième Thèse*, il semble n'être plus fait mention que des droits historiques (M. M., p. 58, ligne 9), droits qui d'ailleurs, on croit l'avoir démontré, n'ont jamais existé. D'autre part, c'est toujours le même oubli du voyage du *Duguay-Trouin*, de la notoriété mondiale des droits de la France sur Clipperton. Est-il besoin d'ajouter qu'ici encore le Gouvernement Français conteste absolument, en droit et en fait, cette *Troisième Thèse* du Mémoire Mexicain ?

Si, maintenant, on passe à l'examen de l'exposé de doctrine présenté à propos du *commencement de titre*, de l'*inchoate title*, on ne saurait se défendre de regretter que la Partie adverse n'ait pas complété, par des citations empruntées aux œuvres plus modernes auxquelles elle fait allusion, les trois extraits d'auteurs qu'elle a donnés à propos de la *Deuxième Thèse*, et dans lesquels il est fait mention de l'*inchoate title* (M. M. pp. 37, 38 et 41).

On n'est pas à même, en effet, à raison du caractère indéterminé de ces références aux « jurisconsultes et juristes anglais » (M. M. p. 56, lignes 4 et 22), de discerner exactement, dans l'exposé de doctrine du Mémoire Mexicain, ce qui correspond aux vues de ces auteurs, ou ce qui représente l'opinion de la Partie adverse.

Il conviendra donc de s'attacher d'autant plus à l'ouvrage de Twiss, qui est expressément visé par le Mémoire Mexicain, comme ayant le plus complètement exposé le système de l'*inchoate title*.

Mais, auparavant, et puisque la Partie adverse a parlé de travaux récents, on ne croit pouvoir mieux faire, dans cet ordre d'idées, que d'emprunter à l'ouvrage précité de WESTLAKE « *International Law* »[1] le passage ci-dessous, relatif à l'« inchoate title »:

(*Traduction*) « On notera qu'en exposant la doctrine de l'oc-
« cupation effective, nous l'avons décrite comme étant le seul
« moyen d'acquérir un titre définitif. On avait ainsi l'intention
« de laisser ouverte la question de savoir si quelques mesures
« sommaires d'occupation effective confèrent seulement un
« *commencement de titre* qui doit être complété dans un délai rai-
« sonnable par une occupation effective, ou si, au contraire, elles
« peuvent conférer un titre complet, qui se perdrait par aban-
« don présumé, au cas où l'occupation effective ne suivrait pas
« dans un délai raisonnable. Cette dernière doctrine a été le
« plus en usage sur le continent, et correspond à l'ancienne
« notion qu'un titre peut être acquis par l'intention s'appliquant
« à une certaine superficie, en même temps qu'à l'usage de se
« baser sur l'abandon, réel ou présumé, pour admettre la pres-
« cription dans le droit international. Aussi ne faut-il pas con-
« sidérer comme pratiquement hostiles à la doctrine de l'occu-
« pation effective les écrivains qui admettent le titre de la
« découverte dans son ancien sens espagnol, tout au moins
« jusqu'au moment où on est à même de se rendre compte s'ils
« ne peuvent pas atteindre leur but au moyen de la théorie de

---

[1] Voir ci-dessus, p. 104, note 1.

« l'abandon. L'autre doctrine, avec le terme « commencement de
« titre » « qui s'y rattache nécessairement, a été très en usage chez
« les écrivains anglais et se concilie mieux tant avec le droit
« romain tel qu'il est compris de nos jours qu'avec l'utilité qu'il
« y a dans l'intérêt de la paix à détourner les États de certaines
« prétentions, et tel avait été d'ailleurs le motif réel d'admettre
« dans le droit international une sorte d'équivalent à ce qu'est
« la prescription dans les lois nationales » [1].

Ainsi qu'on a pu le voir, la doctrine du *commencement de titre*
se présente dans le Mémoire Mexicain comme spéciale à la
découverte, et ce n'est que par une sorte de flexion qu'elle vient
s'appliquer à l'occupation. Dans Westlake, au contraire, c'est
à propos de la question de l'occupation qu'elle apparaît, non
plus sous la forme d'un concept général, mais plutôt comme

---

[1] « It will be noticed that in stating the doctrine of effective occupation, we
« have described it as being the only means of gaining a conclusive title. It was
« intended by this to leave open the question whether any steps taken short of
« effective occupation confer only an inchoate title, to be completed by effective
« occupation within a reasonable time, or may confer a full title, to be lost by
« presumptive abandonment if effective occupation does not follow within a reason-
« able time. The latter mode of statement has been the most usual on the conti-
« nent, and falls in both with the old notion that title could be acquired by an
« intention directed to an area, and with the habit of assuming abandonment, real
« or presumptive, as the ground for any admission of prescription in international
« law. Hence writers who seem to admit the title by discovery in the ancient Spa-
« nish sense must not be reckoned as practically hostile to the doctrine of effective
« occupation until it is seen whether they do not reach its goal through the theory
« of abandonment. The other mode of statement with the term « inchoate title »,
« which is necessarily connected with it, has been much used by English writers.
« and agrees best both with Roman law as now understood, and with the discou-
« ragement of State claims in the interest of peace which is the substantial reason
« for the admission in the international law of some equivalent to the prescription
« of national law » (*International Law, Part I, Peace*, by JOHN WESTLAKE, Chap. V,
p. 105, Cambridge 1910).

l'opinion d'une école particulière sur une question controversée. Les juristes anglais trouvent préférable de considérer qu'un commencement d'occupation ne donne qu'un commencement de titre à la souveraineté, sous condition en quelque sorte suspensive, alors que, sur le continent, on considère l'acquisition de la souveraineté comme immédiate, sous condition résolutoire. Il ne semble pas qu'il y ait lieu d'entrer ici dans l'examen approfondi des deux doctrines, ni de se prononcer pour l'une d'elles. Cette question des effets d'un commencement d'occupation, d'une occupation à compléter, ne se pose pas pour la France à propos de Clipperton. Ainsi qu'on l'a montré dans le Chapitre III du Mémoire Défensif Français la prise de possession a été parfaite, et simultanément l'îlot, ainsi incorporé dans le domaine de la France, a été placé sous l'égide de la Division Navale Française du Pacifique qui le tenait à sa disposition. Il serait en effet erroné, suivant la remarque qui en a été faite ci-dessus (p. 117, alinéa 1) de chercher dans le voyage du *Duguay-Trouin* le complément d'une occupation restée incomplète. Le voyage de ce croiseur a été, au contraire, la manifestation d'une souveraineté préétablie.

Cependant, on pourra noter ici, et sans avoir à prendre parti pour ou contre le système du *commencement de titre*, qu'assez fréquemment il ne serait peut-être pas sans inconvénient de laisser le statut international d'un territoire en suspens et dans l'incertitude. De toute manière d'ailleurs, si une tierce intervention vient à se produire et qu'il y ait contestation, la même difficulté se présentera, pour déterminer le moment auquel le territoire pourra être considéré comme rentrant dans le domaine commun ; que ce soit par défaut de complément, ou par déchéance du titre de souveraineté.

En second lieu, on ne voit apparaître dans Westlake aucun indice de cette théorie que la découverte, et, par suite, le commencement d'occupation, que le Mémoire Mexicain assimile à la découverte, ne créent aucun droit sur la chose découverte, mais font naître seulement un droit vis-à-vis d'autres États.

Que dit maintenant Twiss?

Dans le chapitre sur le *Droit d'acquisition* de son ouvrage « *Le Droit des nations considérées comme communautés politiques indépendantes* » [1] (T. 1, pp. 176 et suiv.), auquel on croit pouvoir joindre le Traité intitulé « *The Oregon question* » [2] ... (T. 1, pp. 176 et suiv.), le jurisconsulte anglais, après avoir établi que l'occupation constitue le mode d'acquisition légitime originaire, constate que l'acte même de la découverte ne constitue pas à lui seul l'occupation selon le droit des gens. Le titre qui résulte de la découverte n'est qu'un titre *provisoire* [3] (inchoate title) qui, inconnu du droit romain, l'a été aussi de Grotius et de Puffendorf.

Le principe, sur lequel se fonde le droit de découverte, a été énoncé par Wolf dans un ouvrage, *Institutes du droit de la nature et des gens* (§ 213) : « Pareillement si quelqu'un renferme un

---

[1] *The law of nations considered as independant political communities.* L'édition visée par le Mémoire Mexicain est de 1861 (Oxford-London). On croit pouvoir faire ici usage de l'édition publiée en français en 1887 à Paris, et dont l'auteur a revu la traduction.

[2] *The Oregon question examined in respect to facts and the law of nations*, London 1846. Cet ouvrage est consacré à l'étude du différend qui existait alors entre les États-Unis et la Grande-Bretagne, à propos du territoire de l'Orégon (voir ci-dessus, pp. 92-94).

[3] C'est le terme employé par l'édition française susmentionnée (voir ci-dessus, p. 133, note 3).

« fonds de terre dans des limites, ou le destine à quelque
« usage par un acte non passager, ou que se tenant sur ce
« fonds limité il dise en présence d'autres hommes qu'il veut que
« ce fonds soit à lui, il s'en empare ». « Luzac », poursuit Twiss, « a
« fait sur ce passage la note suivante : « Nous ne trouvons pas
« cette occupation dans le droit romain. C'est sur elle que sont
« fondés les droits que les Puissances s'attribuent en vertu de
« découvertes » [1].

Les règles posées par Wolf pour les particuliers étant applicables aussi aux communautés politiques, une nation doit manifester son intention de s'approprier pour son propre usage le
territoire sur lequel s'exerce son droit de découverte. « Les
« convenances observées entre les nations permettent d'admettre
« la présomption que l'annonce de l'intention d'acquérir sera
« suivie d'exécution dans un délai raisonnable, mais la raison
« naturelle exige que la découverte soit notifiée aux autres
« Nations, autrement, si la possession effective n'a pas lieu en-
« suite, on en induirait évidemment que la découverte n'était
« qu'un acte passager, et qu'il n'a jamais été pris possession du
« territoire *animo et facto* ». En conséquence, une découverte
cachée aux autres nations n'a jamais été reconnue comme un
titre valable pour leur interdire de s'établir sur un territoire [2].

Il est difficile, dit Twiss, de donner une règle absolue touchant la question de savoir ce qui constitue un signe suffisant
de l'occupation effective d'une terre découverte, et il cite à ce
propos le passage suivant de Bynkershoek : « *Praeter animum pos-
sessionem desidero sed qualemcumque, quæ probet me nec corpore*

---

[1] *Le Droit des nations...*, tome I, § 118.
[2] *Ibid.*, § 119.

desiisse possidere » (De dominio maris, Chap. I, De origine Dominii[1]). La formule est donc des plus larges. Twiss vise ensuite certains documents échangés entre les commissaires anglais et américains, en 1826, au cours de la Conférence tenue à Londres, relativement à la question de l'Orégon. C'est dans une note de M. Gallatin, commissaire des États-Unis, qu'on voit apparaître cette proposition, appliquée par le Mémoire Mexicain à la déclaration de M. Le Coat de Kervéguen, que « la priorité « de la découverte donnait le droit d'occuper, pourvu que l'oc-« cupation eût lieu dans un délai raisonnable et fût en défini-« nitive suivie d'un établissement permanent et du défrichement du sol »[2]. Mais si tel n'est pas le cas, dit Twiss, « la présomption « qui ressort de la notification se trouve annulée par *non-usage* « et l'expiration du délai fait naître une présomption d'aban-« don »[3].

Puis, vient (§§ 123, 124, 125, 126, 127) l'examen d'autres questions relatives au droit de découverte (étendue du territoire sur laquelle la découverte d'une partie de ce territoire fait naître le droit d'occuper et spécialement, effets de la découverte de l'embouchure d'une rivière ou d'une partie de côte, etc.).

Enfin, le juriste anglais étudie « l'établissement », qui n'est par lui-même qu'un titre imparfait, mais qui, soit par cumul avec la découverte, soit par usucapion ou prescription, peut devenir un titre parfait[4].

---

[1] *Le Droit des nations*, § 121, p. 184.
[2] *Ibid.*, § 122, p. 187, 2ᵉ alinéa.
[3] *Ibid.*, § 122, p. 186, 1ᵉʳ alinéa.
[4] *Ibid.*, §§ 128 et 129.

Il ne semble pas utile de suivre l'auteur dans le reste des développements qu'il consacre à d'autres questions absolument étrangères au sujet actuel, telles que, par exemple, l'alluvion, le règlement des possessions contiguës, le statut des peuplades sauvages indigènes, etc., etc.

Par contre, il ne sera pas sans intérêt de noter ici l'importance particulière que, dans son ouvrage sur la question de l'Orégon, Twiss a attachée aux déclarations du Gouvernement espagnol dans l'affaire de Port-Nootka, en notant tout spécialement qu'aux yeux de la Cour de Madrid la seule découverte ne suffisait pas pour l'acquisition de la souveraineté. Il rappelle le passage de la lettre du Comte de Fernan-Nunez à M. de Montmorin, dont les termes ont été cités lors de la discussion de la *Deuxième Thèse* mexicaine (p. 89) [1]. A propos des découvertes espagnoles, l'auteur anglais note que, si bien des navigateurs de cette nation prétendent avoir vu des parties de la côte de l'Amérique Septentrionale entre 43° et 45° de Latitude Nord, leurs découvertes n'ont pas été publiées et que leurs observations sont trop sommaires et trop vagues pour avoir aucun résultat pratique [2].

A s'en tenir à l'étude détaillée qui vient d'être faite des passages de Twiss relatifs à l'*inchoate title*, on pourrait objecter à la Partie adverse que, cet auteur n'ayant fait usage de ce terme, et des conséquences qu'il y rattache, qu'en ce qui concerne la découverte, il n'y a pas lieu d'en étendre l'application à l'occupation. Mais, ainsi qu'on a pu le voir par l'extrait précité de

---

[1] *Oregon*, p. 162.
[2] *Oregon*, p. 73.

Westlake (p. 139), la doctrine du *commencement de titre* doit trouver aussi son emploi en cas d'occupation.

Sous le bénéfice de cette remarque, on se propose maintenant d'aborder la discussion de la *Troisième Thèse* Mexicaine en utilisant les différentes citations qui précèdent, et dont la valeur intrinsèque s'accroît, en l'espèce, par cette circonstance qu'elles émanent d'un écrivain dont le Mémoire Mexicain a invoqué le témoignage.

On a vu que, d'après la Partie adverse, le *titre initial* ou *commencement de titre* résultant d'un droit de découverte ne correspond pas à l'acquisition

> « *d'un droit sur le territoire, opposable à tous les États* »,

mais que ce titre peut être

> « la source de *rapports obligatoires* entre l'État en
> « faveur duquel il subsiste et un ou plusieurs autres
> « États qui le reconnaissent » (voir ci-dessus, p. 135,
> alinéa 1 et M. M., p. 56, alinéa 2 *in fine*).

Cette reconnaissance, est-il ajouté, peut être expresse ou tacite, mais tout au moins, faut-il que la Puissance, qui veut se réserver l'occupation d'un territoire, en avise les Puissances tierces, et que la volonté ainsi notifiée soit suivie dans un délai raisonnable de mesures d'exécution.

Or, c'est au seul Gouvernement Hawaïen qu'a été notifiée la prise de possession de Clipperton par la France. Cette notification n'a donc aucune valeur vis-à-vis du Mexique (voir ci-dessus, p. 136, alinéa 2 et suiv.).

A l'encontre de ces allégations, il résulte tout d'abord de ce qui vient d'être exposé que, pas plus dans Westlake que dans

Twiss, l'analyse la plus rigoureuse ne saurait trouver quelque trace de la théorie mexicaine sur les effets du droit de découverte. Bien au contraire, Luzac, commentant le passage de Wolff sur lequel Twiss fonde le droit de découverte tel qu'il va l'étudier, qualifie d'*occupation* l'acte initial qui lui sert de base (voir ci-dessus, p. 143, alinéa 1). En réalité, il y a pour Twiss un mode parfait d'acquérir la souveraineté, c'est l'occupation qui donne un titre immédiat, complet et définitif, puis viennent la découverte et l'établissement, qui sont des modes imparfaits, et qui ne procurent qu'un commencement de titre (*inchoate title*). Dans ces trois cas, les tiers sont obligés de respecter le droit qui s'est ainsi créé, soit pour une période dont la durée ne peut être prévue quand il y a occupation, soit pendant le délai nécessaire à la complétion du titre quand il y a découverte ou établissement. En elle-même, d'ailleurs, la doctrine que formule le Mémoire Mexicain semble des plus contestables, mais il paraît hors de propos d'en entreprendre ici la discussion. La Partie adverse n'a pas tenté de justifier ses postulats, elle s'est contentée de les placer sous l'autorité de Twiss, or cette autorité lui fait, en réalité, défaut. D'ailleurs, comme on va le voir, la théorie mexicaine, fût-elle placée hors de toute controverse, ne trouverait pas, en l'espèce, à s'appliquer.

Le Mémoire Mexicain joue, en effet, sur le mot de « notification », ou plutôt lui attribue en 1858 un sens qu'il n'avait pas alors, et qu'il n'a vraiment acquis que depuis l'Acte Général de Berlin de 1885. Dans son acception générale, le terme, « notification » signifiait faire connaître, *notum facere*, proclamer sa souveraineté et non pas *signifier à partie*, comme l'entend l'Acte Général de Berlin (voir ci-dessus, p. 104, note 1 avec l'extrait de Westlake).

On sait comment et pourquoi cette notification, cette publicité s'est effectuée à Honolulu par le journal *The Polynesian* (M. F., p. 15, alinéa 5). On a vu aussi la notoriété géographique mondiale qui s'y est attachée (*ibid.*, pp. 14-18). Les États-Unis s'en sont contentés (*ibid.*, p. 203, 3ᵉ alinéa), alors qu'ils eussent été certainement mieux qualifiés, à l'époque, par leurs entreprises dans le Pacifique, pour réclamer une notification personnelle, si celle-ci avait été de droit[1]. Mais ce Gouvernement procédait lui-même, comme l'avait fait le Gouvernement Français, en recourant aussi à la publicité de *The Polynesian* (*ibid.*, p. 13, ligne 9).

Ce qui ressort de ces explications et ce qu'il importe de noter, c'est que l'Acte Général de Berlin a donné au terme de « notification », le sens tout spécial de communication directe à une Puissance, alors que, dans la langue générale du Droit des gens, il voulait simplement dire : donner de la publicité[2].

Le Mémoire Mexicain laisse ici de côté la notoriété publique qu'avait acquise la situation de la France à Clipperton. Cette notoriété, d'ailleurs, il l'a niée, mais vainement, tout au moins espère-t-on l'avoir démontré à propos de la *Deuxième Thèse*

---

[1] Il convient de remarquer que cette question de publicité roule ici sur les conditions que doit, d'après les auteurs anglais susvisés, réunir la découverte pour former titre complet. En matière d'occupation, on a cru pouvoir dire.(M. F., p. 176, alinéa 2 et p. 215) et on croit pouvoir maintenir ici qu'en 1858 les publications faites par M. Le Coat de Kervéguen dans *The Polynesian* ne constituaient pas une condition essentielle de validité de la prise de possession de Clipperton par la France.

[2] La Partie adverse voudrait-elle dire que le Gouvernement Mexicain pourrait dès lors exciper de son état d'ignorance légale pour considérer les possessions européennes en Afrique, dans la zone de l'Acte de Berlin, comme ouvertes à ses entreprises ou à celles de toute autre nation qui n'aurait pas non plus signé l'Acte Général ou n'y aurait pas adhéré?

(p. 111), Il affirme avoir ignoré *légalement* la prise de possession de la France. Mais, *légalement*, cette affirmation est-elle valable?

On a déjà, dans le Mémoire Défensif Français (p. 230, 2ᵉ alinéa et p. 246, alinéa 3), parlé de la valeur juridique, qui devait légitimement s'attacher à la notoriété publique acquise par la prise de possession effective en 1858 par M. Le Coat de Kervéguen. L'articulation ci-dessus reproduite de la thèse mexicaine amène à compléter ces explications.

Tout d'abord, est-il loisible à un État, qui n'a pas reçu avis personnel d'une prise de possession, cependant suffisamment patente, de se considérer, à cet égard, comme étant en état d'ignorance légale? L'obligation de cette signification directe n'a été introduite dans les rapports des nations que par l'Acte Général de Berlin en 1885, pour une zone spéciale du Continent africain, et encore se restreint-elle aux Puissances signataires ou adhérentes[1].

Il s'agit donc là d'une modalité de publicité qui prend un caractère exceptionnel. En droit commun, les Puissances, comme membres de la société internationale, n'ont-elles pas le devoir de ne pas se désintéresser des publications des autres Gouvernements, et d'y prêter quelque attention? Au reste, le Mexique n'a pas notifié aux tierces Puissances ses prétentions sur Clipperton; il s'est borné à les mentionner incidemment au cours d'un Rapport inséré à son Journal Officiel (M. F., p. 351, alinéa 1ᵉʳ *in fine*). D'après la thèse mexicaine de la signification directe, le Gouvernement Français eût été fondé à ignorer *légalement* l'acte de la *Demócrata*, et à n'en tenir pratiquement aucun compte.

D'ailleurs, en dehors de la région africaine visée par l'Acte

---

[1] Voir note 1, p. 104, et M. F., p. 189, alinéa 3.

Général de Berlin, et dans cette région même, antérieurement
à cet Acte, bien des prises de possession ont été accomplies,
sans avoir fait l'objet de significations et, peut-être aussi, en
trouverait-on qui n'ont pas été accompagnées de publicité;
elles n'en sont pas moins patentes et efficaces. Le Gouvernement Mexicain ne prétend sans doute pas n'avoir aucune obligation de tenir compte de ces acquisitions. Une semblable
théorie risquerait de mener assez loin.

La bonne intelligence, la concorde, la paix entre les États
ont bien aussi leurs exigences légitimes, et une des plus essentielles est assurément la sécurité des patrimoines. On a signalé
dans le Mémoire Défensif Français les dangers que recèle la
théorie de l'abandon apparent (M. F., p. 181, alinéa 4); celle
de l'ignorance légale des prises de possession non signifiées,
quelle qu'en puisse être la notoriété, serait-elle moins fâcheuse?

Ainsi donc, de toute manière, comme à tous points de vue,
la publication (*notification*) de la souveraineté française sur
Clipperton s'est opérée dans des conditions régulières et suffisantes, et c'est à tort que la Partie adverse prétend, pour un
fait survenu en 1858 dans l'Océan Pacifique, se réclamer du
régime spécial et exceptionnel de la *signification à partie* inau-
guré en 1885 pour une zone de l'Afrique.

La Partie adverse est-elle d'autre part habile à alléguer
l'ignorance de fait, où elle déclare avoir été, des prétentions
de la France sur Clipperton. Cette affirmation, devant laquelle
on doit s'incliner, suffit-elle cependant à mettre juridiquement
hors de cause la légitimité de l'action mexicaine? On ne le
pense pas, et pour deux raisons. La première c'est que, ainsi
qu'on l'a montré dans le Mémoire Défensif Français (pp. 14 et

suiv.), et quoi que veuille dire la Partie adverse (voir ci-dessus, p. 110), il s'était vraiment attaché une commune renommée à la souveraineté française sur Clipperton.

Ce n'est pas à dire que les recueils géographiques, que les annuaires, aient une valeur irréfragable, mais, tout au moins, y a-t-il là un avertissement qui rend encore plus impérieuse pour une tierce Puissance la nécessité d'élucider la situation avant tout acte d'immixtion. Or — et c'est là le second motif pour lequel on ne pense pas que le Mexique soit recevable à faire valoir l'exception d'ignorance — on ne sache pas que, cette étude, le Gouvernement Mexicain l'ait faite avant d'agir à Clipperton. La démonstration en a été poursuivie ci-dessus (pp. 13 et suiv.), on ne peut donc que s'y référer.

Finalement, il ressort à l'évidence de ce qui précède, que, contrairement aux allégations de la Partie adverse, ce n'est pas l'action française à Clipperton qui n'est pas opposable au Mexique, mais bien l'action mexicaine qui, dans les conditions où elle s'est produite, n'est pas opposable à la France [1].

Quant à l'autre partie de la thèse mexicaine dont il s'agit ici, péremption par le non-usage du droit à l'occupation qu'avait

---

[1] Il ne sera pas sans intérêt, à propos de cette question de notoriété, de rappeler la disposition suivante (art. 2) de la *Convention relative à l'ouverture des hostilités*, signée à La Haye le 18 Octobre 1907 (*Deuxième Conférence de la Paix*). «L'état de guerre devra être notifié sans retard aux Puissances neutres et ne produira effet à leur égard qu'après réception d'une notification qui pourra être faite même par voie télégraphique. *Toutefois les Puissances neutres ne pourraient invoquer l'absence de notification, s'il était établi d'une manière non douteuse qu'en fait elles connaissaient l'état de guerre.*» Le défaut de signification ne crée donc pas nécessairement un état d'ignorance légale.

fait naître la prise de possession de M. Le Coat de Kervéguen, elle se trouve avoir été discutée et réfutée à propos du passage de la *Deuxième Thèse* où le Mémoire Mexicain a argué de défaut d'effectivité l'occupation de Clipperton par la France (voir ci-dessus, pp. 99-113). Sans vouloir rentrer ici dans cette démonstration, on rappellera tout d'abord — ce qui en l'espèce est essentiel — le passage du *Duguay-Trouin*, et, ensuite, les démarches à Washington qui s'en sont suivies. Le caractère conservatoire de ces deux actes est indiscutable; le premier est antérieur à l'envoi de la *Demócrata*, le second s'est accompli dès que le résultat de la visite du *Duguay-Trouin* a été connu, et l'ordre en avait été donné avant qu'aucun bruit eût transpiré de l'expédition mexicaine. Si donc, pour mettre les choses au pis, on admettait que la péremption était en voie de se réaliser, il y a eu là des faits qui suffisaient amplement à en interrompre le cours (voir ci-dessus, pp. 21, alinéa 3, et 105, alinéa 3).

Il est vrai que le Mémoire Mexicain, qui, à propos de sa *Deuxième Thèse*, avait critiqué l'attitude de la France à Clipperton, sans spécifier cependant ce qui y avait fait défaut, se montre ici plus explicite. On y trouve (p. 59, ligne 4) l'indication des actes par lesquels, aux yeux du Gouvernement Mexicain, le Gouvernement Français aurait dû affirmer son autorité à Clipperton, afin de compléter l'*inchoate title* qui, d'après la *Troisième Thèse*, pouvait résulter de la déclaration de prise de possession de M. Le Coat de Kervéguen.

« Il suffisait pour cela de l'envoi de quelques soldats
« et d'un fonctionnaire : pas de difficultés naturelles

« à surmonter, point de dépenses notables; ainsi
« aucun effort considérable en hommes ou en ar-
« gent. »

Le Mémoire Mexicain insiste sur la modération de ses de-
mandes, sans vouloir se rendre probablement compte de ce que
représenterait l'entretien d'un poste sur chacun des atolls que
possède, dans l'Océan Pacifique, le Gouvernement Français.
On croit pouvoir dire qu'aucune Puissance coloniale ne saurait, pour son domaine d'outre-mer, souscrire à une pareille
exigence. Hormis le cas de circonstances spéciales, qui n'exis-
taient pas à Clipperton, c'est à une force mobile navale qu'il revient, pour les îlots qui ne comportent ni stationnaire ni garnison, d'assurer l'ordre et de manifester par sa présence ou
par sa proximité l'*Imperium* de l'État souverain. Tel est le rôle
qu'a rempli, d'une manière permanente, la Division Navale
Française, qui, bien antérieurement à la prise de possession de
Clipperton, avait le soin des intérêts nationaux dans l'Océan
Pacifique.

On va, d'ailleurs, voir qu'en d'autres occasions le Gouvernement Mexicain s'est montré beaucoup moins rigoureux pour
lui-même.

La cause du Gouvernement Français sortant ainsi complètement indemne de cette analyse de la *Troisième Thèse* Mexicaine,
il reste maintenant, en effet, comme on l'a déjà fait pour la
Deuxième Thèse, à soumettre le cas du Mexique à la même contre-
épreuve, en appliquant ses propres théories à la Partie adverse.

C'est, on l'a vu, la première des Thèses du Mémoire Mexicain que de représenter l'île Clipperton, ou plutôt de la Passion,

comme étant entrée dans le domaine colonial espagnol par suite de la découverte qu'en aurait faite la Marine de Sa Majesté Catholique. En 1858, l'île n'était donc pas *nullius*, puisqu'elle appartenait au Mexique, et c'est le point de départ de la *Deuxième Thèse* Mexicaine. Bien qu'il ait été constaté plus haut que ces assertions attendaient encore leur preuve à l'heure actuelle, on raisonnera cependant ici, pour les besoins de la discussion, comme si pareille découverte avait eu lieu effectivement, et comme si le Mexique avait, de ce chef, trouvé dans l'héritage de la Nouvelle Espagne un *inchoate title* à la souveraineté de Clipperton[1].

Ce serait même, il convient de le noter, le seul titre auquel, si la découverte espagnole avait réellement eu lieu, la Partie adverse pourrait songer à prétendre, puisque, d'après les déclarations de Madrid à propos de l'affaire de Port-Nootka, cet acte initial, pour sortir effet, aurait dû être complété par d'autres actes, dont aucune trace ne se révèle dans le passé de l'île Clipperton. Et, comme ce serait au xvi siècle que, d'après le Mexique, la découverte aurait eu lieu, faudrait-il encore admettre que, pendant près de trois siècles, sa vertu latente se serait conservée d'elle-même pour donner au Mexique, en

---

[1] On n'entend pas ainsi, est-il besoin de le dire, renoncer à la démonstration qui a été faite, à propos de la *Première* et de la *Deuxième Thèse* Mexicaine, de l'inaptitude de la Partie adverse à invoquer soit le bénéfice de la découverte, soit le bénéfice de l'occupation. Mais, au début du présent Chapitre, le Mémoire Mexicain, en arguant de nullité la situation de la France à Clipperton, est passé à l'étude de l'*inchoate title*, pour «ne négliger», disait-il, «aucune des hypothèses pouvant donner un fondement quelconque aux prétentions françaises». C'est dans le même ordre d'idées qu'on va rapprocher ici ladite théorie de l'*inchoate title*, de la position prise par le Mexique, au sujet de Clipperton, depuis sa constitution en un État autonome.

l'année 1836, où son indépendance a été reconnue par l'Espagne (M. M., *Document* N° 11) un *inchoate title*. Le postulat serait déjà hardi et ce n'est que fictivement qu'on le prend ici
comme point de départ [1].

Or, en l'état actuel du dossier, on se croit à même d'affirmer
que l'expédition de la *Demócrata*, en Décembre 1897, a été le
premier « acte effectif d'autorité » que le Mexique ait accompli
à Clipperton (voir ci-dessus, p. 116, alinéa 3). Cette longue
période d'inaction correspondrait-elle, dans la pensée de la Par-
rtie adverse, au *délai raisonnable* imparti pour compléter et
rendre définitif l'*inchoate title?* Soixante et une années d'abandon
ne compteraient donc pas pour le Mexique, alors qu'au bout de
trente-neuf ans seulement la situation de la France serait atteinte d'une manière irrémédiable [2]! Où étaient, en 1858,

---

[1] Comme on le sait (voir ci-dessus, p. 124 et M. M., p. 54, ligne 7), la Partie
adverse a déclaré que, si le Mexique continuait une ancienne possession espagnole,
c'était « en s'inspirant des doctrines modernes ». En présence de cette déclaration,
et puisque la doctrine de Twiss est opposée au Gouvernement Français, il n'y aura
rien d'excessif à l'appliquer au Mexique. Il est vrai que son autonomie date de
1836 et que l'ouvrage de Twiss n'a paru qu'en 1861. Mais, de 1861 à 1897, le
Mexique avait largement le temps de se conformer aux prescriptions qu'il invoque
aujourd'hui. D'ailleurs les auteurs, dont a fait état le Mémoire Défensif Mexicain
pour établir la nécessité de la possession effective, remontent au xviii° siècle.

[2] La Partie adverse ne serait pas recevable ici à vouloir faire remarquer qu'on
serait mal fondé du côté français à reprocher au Mexique de ne pas s'être établi à
Clipperton avant 1897, puisque, comme le prouve l'envoi de la *Demócrata*, il tenait
l'île à sa disposition et que, suivant la Théorie du Mémoire Défensif Français, son
droit originaire s'est entretenu de lui-même. En dehors même de toute autre considération, force serait au Mexique de renoncer tout d'abord à la thèse qu'il oppose
dans ce chapitre au Gouvernement Français. Il ne serait, en effet, pas loisible à la
Partie adverse de réclamer de la France l'entretien d'un fonctionnaire et d'une
garnison à Clipperton, et de prétendre s'en dispenser en faisant valoir que la doctrine française n'a pas les mêmes exigences. Comme on le disait à propos de la
Deuxième Thèse Mexicaine, il est un moment où l'option s'impose.

lorsque *L'Amiral* est venu à Clipperton, et que ses hommes y sont descendus, ce fonctionnaire, ces soldats mexicains, dont la présence eût, d'après la doctrine opposée à la France, correspondu au minimum indispensable d'établissement? Où étaient-ils, en Novembre 1897, lorsque le Commandant du *Duguay-Trouin* a envoyé à terre le Lieutenant de vaisseau Terrier (M. F., p. 21)? Et, cependant, ce n'est pas la prise de possession française qui avait pu arrêter le Mexique, puisqu'il déclare l'avoir ignorée.

Si donc, au moment de l'arrivée de la *Demócrata*, la France n'avait pas de représentants à Clipperton, le Mexique n'en avait jamais eu non plus; la seule différence entre les deux situations se ramènerait à dire que, si ce mode d'affirmation de la souveraineté était à considérer comme indispensable, le Mexique aurait dû y pourvoir vingt-deux ans plus tôt que la France.

On ne voit pas non plus qu'avant la déclaration insérée au *Diario Oficial* du 10 Janvier 1898 (M. F., p. 27), le Gouvernement Mexicain ait, par une publication quelconque, élevé quelque prétention sur l'île Clipperton. A cet égard encore, le Gouvernement Français l'avait devancé et de trente-neuf années. On a vu ci-dessus (p. 143, alinéa 2), que, pour raisonner suivant Twiss, cette publicité est essentielle.

En un mot, Twiss impose, pour rendre définitif l'*inchoate title* résultant de la découverte, de manifester l'intention de s'approprier la chose et d'exécuter cette intention dans un délai raisonnable. En admettant la Partie adverse au bénéfice de cette doctrine, dont elle ne saurait récuser l'autorité à son égard, on voit que le Mexique a mis soixante et un ans à s'y conformer, alors que, depuis trente-neuf ans, la France était en règle, lorsque la *Demócrata* est venue, en 1897, à Clipperton.

Voilà maintenant la canonnière mexicaine rendue sur place, elle va sans doute y faire acte d'établissement. Aucunement : un détachement est débarqué, le drapeau est hissé; l'embargo est mis sur l'entreprise de l'«Oceanic Phosphate Company», deux de ses employés sont ramenés à bord avec le détachement, puis la *Demócrata* se remet en route, mais ne laisse personne derrière elle. Huit années se passent ainsi, et ce n'est qu'en Août 1905 qu'apparaît un *préfet politique*, M. Abelardo Avalos, avec une dizaine d'hommes – la future garnison de Clipperton – (M. M., p. 6, 1er alinéa et *Document* N° 30), qui vient *organiser* le gouvernement et l'administration de l'île[1] (*Document* N° 18). Il en résulte bien que, jusque-là, rien n'avait été fait par le Gouvernement Mexicain, et que les deux inspecteurs intérimaires mentionnés dans le Mémoire Mexicain, dont les nominations avaient été faites entre temps (voir ci-dessus, p. 120, alinéa 5), n'appartenaient pas, très vraisemblablement, à l'administration mexicaine.

Pourquoi ce nouveau retard de huit années, puisque, cette fois, le Mexique se trouvait, pour ainsi dire, à pied d'œuvre ? Y a-t-il là une nouvelle application du *délai raisonnable* prévu par la doctrine de l'*inchoate title* ?

Sans revenir ici sur ce qui a été dit, dans le Mémoire Défensif Français (pp. 236 et 248) et dans le présent Mémoire (p. 122), du caractère tendancieux et occasionnel qu'accusent les disposi-

---

[1] D'après le Mémoire Mexicain, M. Avalos devait *réorganiser* (*riordinare*) le gouvernement et l'administration; au contraire dans le *Document* N° 18 qui reproduit le texte d'une lettre du Secrétariat d'État à celui des Relations Extérieures, il s'agit simplement d'*organiser* (*organizando su gobierno y administracion*). La nuance n'est pas sans valeur. On réorganise ce qui existait auparavant, on organise ce qui n'existait pas.

tions prises par le Mexique à Clipperton, si l'on se rappelle l'état d'abandon où ont été laissées les îles Revilla Gigedo, il sera permis, pour préciser les faits, de noter que le Mexique n'a jamais, que l'on sache, entretenu de fonctionnaires ou de garnison dans ce dernier archipel. Bien plus, le Mémoire de la Partie adverse vient maintenant montrer que le mode auquel a eu recours le Gouvernement Mexicain pour manifester son autorité sur cet archipel a été exactement le même que celui qui est mis en pratique par le Gouvernement Français, au moyen de ses forces navales du Pacifique. On sait, en effet (voir ci-dessus, p. 13, note 1), par l'article du journal *El Tiempo*, du 24 Août 1897 (Annexe au *Document* N° 1), qu'un an auparavant environ, sur le bruit d'une intervention anglaise à l'île Clarion, dans l'Archipel de Revilla Gigedo, le Gouvernement Mexicain avait simplement expédié un navire qui, une fois l'inanité de la nouvelle constatée, était revenu rendre compte de sa mission, et sans qu'aucune autre mesure ait été prise. Il y a ainsi deux poids et deux mesures : ce qui est proclamé indispensable sur le 10ᵉ parallèle, quand il s'agit de la France, devient superflu six degrés plus haut vers le Nord, quand il s'agit du Mexique !

Mais, dira-t-on peut-être, la situation n'était pas la même. A l'île Clarion, le bateau Mexicain n'a trouvé personne, il n'avait donc qu'à s'en aller ; à Clipperton, il a rencontré des Américains ; il devait donc agir, et le Gouvernement Mexicain a continué cette action. Il n'en reste pas moins qu'à l'île Clarion, pas plus d'ailleurs qu'à Clipperton, le Gouvernement Mexicain n'avait, avant 1896 ou 1897, d'établissement, qu'il a continué à ne pas en avoir à l'île Clarion et que, cependant, il n'a certainement pas considéré que sa situation y ait jamais périclité.

Que deviennent alors les théories exposées pour la *Deuxième Thèse*, comme pour celle dont il s'agit ici[1] ?

En résumé, il résulte des développements qui précèdent, abstraction faite du caractère déjà très contestable de l'application de la théorie de l'*inchoate title* à l'espèce actuelle, et de l'interprétation qui en est donnée dans ce Chapitre, que, de toute manière, les critiques dirigées sous cette rubrique contre la France par le Mexique se retournent contre sa propre cause.

---

[1] Il n'y a pas contradiction à enregistrer ici les îles Revilla Gigedo comme Mexicaines, alors que ce Gouvernement ne semble pas y avoir satisfait aux conditions qui, d'après la Partie adverse, seraient requises pour l'établissement et la conservation de la Souveraineté. Le débat actuel n'a pas à s'occuper de cet Archipel. Les observations ci-dessus ont simplement pour but de constater, en prenant les choses en l'état, que le Mexique n'a pas appliqué aux îles dont il s'agit les principes qu'il oppose au Gouvernement Français au sujet de Clipperton.

VI

« CONCLUSIONS » DU MÉMOIRE DÉFENSIF MEXICAIN[1].

DISCUSSION ET RÉFUTATION.

«**Nous croyons**», dit la Partie adverse, « **avoir démontré sous tous les aspects possibles le bien fondé du
droit du Mexique à la souveraineté de l'île Clipperton,**»
et, à cet effet, elle reprend brièvement l'exposé de ses thèses
en marquant, pour terminer, que le succès de sa cause
ferait triompher le principe de l'effectivité des occupations.

Suivant la méthode pratiquée jusqu'ici, on se propose de
reproduire successivement les articulations des Conclusions
Mexicaines, et d'y opposer les fins de non-recevoir qui, en
droit comme en fait, se dégagent du présent Mémoire de
Réplique.

«**Nous avons exposé tout d'abord les titres historiques
de cette souveraineté, fondés sur les principes juridiques qui étaient en vigueur quand l'île a commencé
à faire partie des possessions coloniales de l'Espagne.**»

Cette proposition a formé l'objet de la *Première Thèse*
Mexicaine et des développements qui s'y rattachent. Il
résulte de l'examen qui en a été fait :

Que le Gouvernement Mexicain est hors d'état de produire
un titre quelconque autorisant à présumer que la décou-

---

[1] M. M., pp. 61 et 62. Les passages imprimés ci-dessus en caractères
spéciaux, entre guillemets, reproduisent le texte des *Conclusions* du Mémoire
Mexicain. Les références en chiffres renvoient au présent Mémoire de Réplique.

verte de l'île de la Passion, *alias* Clipperton, *alias* Medano,
ou de los Medanos, soit due à la Marine espagnole
(pp. 49, alinéa 1ᵉʳ; 72, alinéa 5);

Que, par contre, il est avéré que ce sont deux capitaines
français qui, le Vendredi Saint, 3 Avril 1711, ont vu et
décrit cette île, qu'ils l'ont appelée les premiers île de la
Passion, de telle sorte que la valeur probante des journaux
de bord de leurs navires *La Princesse* et *La Découverte* ne
saurait être infirmée ou contre-balancée que par un titre
offrant les mêmes éléments de précision et d'authenticité
(pp. 35-37; 73, alinéa 3);

Que, de l'aveu même du Gouvernement Espagnol, la
simple découverte ne suffisait pas pour l'établissement de
sa souveraineté sur une terre sans maître, s'il n'y avait eu
ultérieurement, traité, démarcation, prise de possession,
consentement unanime, etc...., et qu'aucun de ces faits n'a
même été allégué par la Partie adverse (pp. 61, alinéa 1;
87-89; 116, alinéa 3);

Que d'ailleurs, s'il devait ressortir à un moment donné,
que l'île en litige a appartenu à l'Espagne, il ne s'en-
suivrait nullement, sauf preuve contraire, que cette terre
ait été jamais rattachée à la Vice-Royauté de la Nouvelle-
Espagne (pp. 62, alinéa 2; 73, alinéa 4);

Que, dès lors, le Gouvernement Mexicain ne saurait, en
l'état, invoquer un droit historique sur l'île Clipperton, qui
était bien *res nullius* lorsque M. Le Coat de Kervéguen en a
pris possession, le 17 Novembre 1858 (p. 75, alinéa 2);

«Nous avons supposé ensuite que ces titres ne subsistaient pas, et qu'en 1858 l'île pouvait être considérée comme «res nullius», et nous avons démontré que même dans cette hypothèse l'île appartenait au Mexique, qui l'avait occupée valablement en 1897, alors que les actes accomplis par la France en 1858 étaient absolument impropres à lui faire acquérir la souveraineté.»

A l'encontre de cette *Deuxième Thèse* Mexicaine, il a été démontré :

Que l'occupation de l'île Clipperton par la France, en 1858, a satisfait à toutes les exigences théoriques et matérielles : *territorium nullius,* prise de possession réelle, publicité, possession continue exercée par la Division navale française du Pacifique (voyage du *Duguay-Trouin,* 24 Novembre 1897) et que ces faits sont antérieurs à une intervention quelconque du Mexique (pp. 102-107; 129, alinéa 3);

Qu'à l'exception de l'embargo mis par le Commandant de la *Demócrata* sur l'exploitation de l'«Oceanic Phosphate Company» et de la détention ultérieure de l'île par le Mexique, à laquelle un recours à la force aurait pu seul être opposé, tous les «actes effectifs d'autorité», dont se réclame la Partie adverse, trouvent leur contre-partie dans une action antérieure du Gouvernement Français qui possède ainsi l'avantage de la priorité (pp. 116-122);

Que lesdits «actes d'autorité» ont été, dès le premier jour, frappés de précarité par les protestations successives du Gouvernement Français, que ce caractère de la gestion du Gouvernement Mexicain est constaté dans les arrangements qu'il a passés avec les Compagnies phosphatières anglaises et que même, au mois d'Août 1906, c'est-à-dire un an après l'envoi d'un préfet politique et d'une garnison à Clipperton, les prétentions historiques du Mexique sur cette île restaient encore pour lui sans fondement suffisant (pp. 123, alinéa 5; 6-17; 24, alinéa 3; 25, alinéa 2);

Que le Gouvernement Mexicain n'est pas habile, en droit, à exciper de l'ignorance où il se serait trouvé de la notoriété qui s'attachait à la souveraineté française sur Clipperton, car cette commune renommée se présentait dans des conditions telles qu'elle *devait* — en donnant à ce terme une acception juridique — être connue; que, d'ailleurs, il est démontré, par les *Documents* produits en annexe au Mémoire Défensif Mexicain, que l'envoi de la *Demócrata* a précédé l'enquête sur le statut de l'île, qui s'imposait avant toute initiative (pp. 123, alinéa 6; 148, alinéa 3; 151; 13 et suiv.; 24, alinéa 3);

Qu'il y a contradiction à se présenter, comme le fait la Partie adverse, soit au titre d'une ancienne possession espagnole, soit au titre d'une possession nouvelle (pp. 124, alinéa 2; 130, alinéa 2);

Que, pour cette dernière, l'occupation, qui en formerait la base, était impraticable pour le Commandant de la *Demócrata*, alors que cet officier trouvait un pavillon étranger, c'est-à-dire la marque d'une autre nationalité, flottant déjà sur l'île Clipperton (p. 128, alinéa 4);

Qu'une semblable intervention n'est explicable et justifiable qu'autant qu'il s'est agi de faire reconnaître des droits de souveraineté antérieurs (inexistants d'ailleurs, p. 162,

dernier alinéa), et que tel était bien l'objet de sa mission
(pp. 125 [alinéa 4]-127);

Qu'il n'échet pas, en conséquence, pour la Partie adverse,
d'invoquer une occupation qui n'a pas eu lieu, et qui eût été radicalement nulle, l'île Clipperton ne pouvant, même abstraction faite des droits de la France, être considérée comme *nullius*
au moment où y abordait la *Demócrata* (p. 128, alinéa 5);

Que, dès lors, pas plus au titre juridique qu'au titre historique, le Gouvernement Mexicain n'a de droits à faire
valoir sur l'objet du litige (p. 130, alinéa 3).

> «Nous avons enfin supposé, en appliquant la théorie
> développée par quelques auteurs, l'hypothèse où on vou-
> drait envisager les actes accomplis en 1858 comme un
> titre initial dont on pouvait faire découler le droit de la
> France à occuper l'île en question; et nous avons vu
> que, même dans cette hypothèse, le droit de la France
> n'aurait jamais été opposable au Mexique et se serait
> éteint, en tout cas, par le non-usage.»

En réfutant cette *Troisième Thèse* Mexicaine, on a fait valoir:

Que la théorie du titre *initial* (*inchoate title, commencement de titre*) n'a pas créé, contrairement à l'exposé du
Mémoire Mexicain, un mode nouveau d'acquérir la souveraineté, qu'il y a là simplement une conception spéciale aux
juristes anglais pour la qualification des effets de la prise
de possession (p. 140, alinéa 2);

Qu'il s'agit seulement ainsi d'une question de modalités,
et qu'en conséquence cette thèse mexicaine pourrait être

écartée *a priori* comme reposant sur une pétition de principes (p. 145, alinéa 3);

Que si, néanmoins, abstraction faite de cette objection
préalable, on examine le premier moyen invoqué par la
Partie adverse, et qui consiste à écarter les droits de la
France comme ne lui étant pas opposables, par suite de
défaut de *notification*, on constate que ce serait vouloir, à
tort, donner à ce terme le sens étroit et spécial de *signification à partie* où il a été pris en 1885 dans l'Acte Général
de Berlin, alors que, dans la langue générale du droit, et
notamment chez les auteurs anglais dont se réclame le
Mémoire Mexicain, l'expression est simplement synonyme
de *publicité* (pp. 147, alinéa 2; 104, note 1);

Que, bien au contraire, la prise de possession de Clipperton par la France a reçu une publicité qui, à l'époque,
n'était pas indispensable, mais dont l'efficacité, vis-à-vis des
organes de l'opinion comme vis-à-vis des Gouvernements,
est hors de conteste (pp. 150, alinéa 4; 103, alinéa 4;
110, alinéa 2);

Que cet acte de prise de possession est, dès lors, parfaitement opposable au Mexique (pp. 149, alinéa 3 et 4; 151,
alinéa 2);

Que, pour arguer, en second lieu, de péremption par
non-usage, les droits de la France sur l'île Clipperton, la
Partie adverse passe sous silence la visite du *Duguay-
Trouin*, trois semaines avant l'arrivée de la *Demócrata*, et
les démarches qui s'en sont suivies, coup sur coup, tant à
Washington qu'à Mexico (pp. 151, alinéa 4; 21 et suiv.);

Que, pour se borner à la période mexicaine et sans remonter aux temps de la souveraineté espagnole, le Mexique, de 1836 à 1897, n'a jamais fait une manifestation quelconque d'*animus imperii* touchant l'île Clipperton, que, dès lors, en admettant même que, contrairement aux faits établis dans son Mémoire Défensif comme dans ce Mémoire de Réplique, le Gouvernement Français se soit désintéressé de Clipperton, on ne voit pas comment les droits historiques, dont veut se prévaloir le Mexique, se seraient conservés d'eux-mêmes pendant 61 ans, alors qu'une indifférence de 39 années aurait irrémédiablement atteint ceux de la France (pp. 154, alinéa 2 ; 155 ; 156) ;

Qu'en accordant même ici, au Mexique, le bénéfice de la doctrine de l'*inchoate title*, c'est-à-dire en supposant — contrairement d'ailleurs aux faits prouvés — qu'il soit habile à se réclamer d'une découverte espagnole, on arrive à constater que les deux conditions essentielles à la formation du titre définitif, publicité et établissement de souveraineté dans un délai raisonnable, font défaut dans la période qui s'est écoulée de 1836, date de la reconnaissance par l'Espagne de l'indépendance des États-Unis du Mexique, jusqu'en 1897, date de l'envoi à Clipperton de la *Demócrata* (pp. 149, alinéa 4 ; 154, alinéa 2 ; 155, alinéa 2) ;

Qu'ainsi donc, c'est en réalité le Gouvernement Mexicain, et non le Gouvernement Français, qu'atteint cette Troisième Thèse (p. 159, alinéa 2).

«Nous ne saurions vraiment imaginer une position juridique plus favorable que celle du Mexique dans la présente controverse ; il peut invoquer en sa faveur, aussi bien les titres historiques que les principes plus sûrs et plus libéraux du droit international d'aujourd'hui. Si nous acceptons la thèse la plus favorable à la France, en excluant le fait que l'île Clipperton ait appartenu à la monarchie espagnole, la controverse met en regard, par un contraste éloquent, les anciennes et les nouvelles idées en matière d'acquisition de la souveraineté territoriale. La France évoque la vieille prétention en vertu de laquelle la simple déclaration de prise de possession d'une terre au nom d'un État suffit à la soustraire à l'activité des autres peuples ; le Mexique invoque le principe, répondant aux besoins des sociétés modernes, en vertu duquel le monde appartient, non à celui qui y prétend pour satisfaire ses ambitions, mais à celui qui sait l'exploiter par le travail dans l'intérêt universel. A ce point de vue, la question a une valeur idéale qui l'emporte de beaucoup sur la valeur matérielle de la petite île qui en est l'objet.» La Partie adverse termine en exprimant «l'assurance certaine que la solution de cette controverse exclusivement juridique marquera un nouveau triomphe d'une des plus belles conquêtes du droit international moderne.»

Ce dernier paragraphe ne fait en somme que condenser et synthétiser les erreurs successives sur lesquelles repose le Mémoire Mexicain.

Il est, en effet, inexact de dire :

Que le Mexique peut invoquer aussi bien les titres historiques que les principes du droit international, puisqu'il a été établi que ces deux voies d'accès à la souveraineté de l'île ne se sont jamais ouvertes pour lui (p. 130, alinéa 3);

Que le Mexique représente, en face de l'inaction de la France, la doctrine de l'occupation effective et des droits de l'activité humaine, puisque la première de ces allégations est contredite par le voyage du *Duguay-Trouin*, témoignage manifeste de l'action de la Division Navale Française du Pacifique, et que, pour ce qui est de la seconde, l'entreprise de l'«Oceanic Phosphate C°» avait été respectée par le croiseur français alors que la *Demócrata* a mis immédiatement l'embargo sur son exploitation et sur son matériel, et a expulsé ses employés (pp. 116, 1°; 117, 2°);

Assurément, un intérêt supérieur à la valeur de l'objet en litige domine la controverse. Mais ce n'est pas la question de l'occupation effective, qui, en réalité, n'est pas ici en cause. Sur ce terrain, cependant, la France ne se voit aucune raison de redouter l'appréciation de ses actes à Clipperton. Le Mémoire Mexicain n'a-t-il pas d'ailleurs reconnu lui-même que l'occupation effective était dans la tradition française? le Gouvernement Français n'a-t-il pas pris une part éminente à la préparation comme aux travaux de cette Conférence africaine, où ont été proclamés les principes qui ont constitué, comme le dit la Partie adverse, «une des plus belles conquêtes du droit international moderne»?

Mais, s'il est utile d'empêcher les occupations fictives, n'est-il pas plus important encore d'assurer le respect des droits de souveraineté régulièrement acquis ? Doit-il être loisible à un État d'aller s'installer dans un territoire qui lui aura paru vacant, alors que, chez lui comme au dehors, la commune renommée en attribue la propriété à une autre Puissance ; d'exciper de son ignorance des droits d'autrui, alors qu'aucune enquête préalable n'a été faite; et, sans dossiers complets, sans titres suffisants, de persévérer, en dépit des plus justes réclamations, dans une détention contraire aux principes du droit comme aux exigences de l'équité?

Telles sont bien les conditions dans lesquelles, maintenant que la Partie adverse a produit ses moyens, se présente le litige. Le Gouvernement de la République croit donc pouvoir soumettre avec confiance à l'appréciation du Haut Arbitre, le présent Mémoire de Réplique.

Paris, le 12 Janvier 1913.

Le Président du Conseil,
Ministre des Affaires Étrangères
de la République Française,
Signé : R. POINCARÉ.

PIÈCES JUSTIFICATIVES

Annexe nº 1.

(Voir ci-dessus, pp. 39 [note]; 45, 46 et 47.)

———

Relacion del viage que hizo Alvaro de Saavedra desde la costa Occidental de Nueva-España á las Islas del Maluco. Está sacada del libro que trajo Francisco Granado, escribano de la armada. (Copia de aquel tiempo, pero defectuosa y de mala letra, en la Bibliot. alta del Escorial, Cod. en fol. de Miscelaneas 2 & 7, fol. 373 al 381 [1].)

———

El viage [2] que hice en el descubrimiento del especería desde la Nueva-España hasta la Isla de Maluca [3], es lo siguiente.

Salí del puerto de Zaguatanejo [4], que es en la Nueva-España, en la provincia de Zacatala, jueves víspera de Todos los Santos, que se contaron postrero de Octubre de 1527 años, con dos navíos y un bergantin. Esta dia corrío por el Oesudueste seis leguas.

Otro dia, viérnes 1º de Noviembre corrímos por el dicho viento ocho leguas. Esta dia se me murió un cirujano que llevaba que se llamaba Maestre Francisco, é echamoslo á la mar.

Sábado por la mañana, á 2 de Noviembre, corrí al Sur diez leguas,

---

[1] *Colleccion de los Viages y Descubrimientos, que hicieron por mar los Españoles desde fino del Siglo XV,* coordenada é illustrada por D. Martin Fernandez de Navarrete. De orden de S. M. — Madrid, en la Imprenta Nacional año de 1837.

[2] *Ibid.* Tome V, p. 465. Cette expédition avait été envoyée, sur l'ordre de l'Empereur pour s'informer du sort des navires de Magellan et de Loaisa (*ibid.,* p. 400. «Cédula del Emperador á Hernan Cortés para que despache desde los puertos de la costa occidental de Nueva-España algunas embarcaciones al Maluco para saber el paradero de las que fueron con Magallanes y Loaisa.»)

[3] *Sic.*

[4] C'est par mégarde qu'il a été maintenu dans le Mémoire Défensif Français (p. 468), une note indiquant que ce port n'avait pu être identifié. Les Instructions Nautiques Françaises (p. 159, édition de 1905) en donnent la description.

porque el tiempo no nos dejó ir al Oesudueste, donde éra nuestro camino.

Domingo siguiente corrí por el Sudueste catorce leguas.

Lunes siguiente, á 5 del dicho mes[1], corrí por el dicho viento diez y siete leguas.

Martes siguiente corrí por el Oesudoeste[2] veinte y cinco leguas.

El Miércoles siguiente por el dicho viento corrí catorce leguas.

Jueves siguiente corrí por el dicho viento veinte y cinco leguas.

El viernes siguiente, entiéndese con sus noches, corrí diez y siete leguas.

El sábado siguiente veinte leguas.

Domingo siguiente veinte leguas.

Lunes siguiente veinte leguas.

Martes siguiente ocho leguas.

Miércoles siguiente corrí siete leguas. Este dia se descubrío una agua al navío en que yo iba, y grande, debajo de un pañol de pan que llevaba á popa en las enceldas de popa, que en ninguna manera se pudo tomar : tuve necesitad de alijar á la mar algun pan, cantidad de treinta quintales, y alguna carne y otras cosas; era el agua de tal arte que daba á la banda. Entre noche y dia treinta veces tuve necesidad de pasar gente de los otros navíos al mio, para que ayudasen á echar el agua fuera[3].

Jueves siguiente corrí al Oeste cuarenta y dos leguas[4].

El viernes siguiente corrí treinta y siete leguas. Este dia parecieron muchos pájaros y aves de tierra, y señales de ella[5].

. . . .

----

[1] Le chiffre 5 est évidemment erroné, le Lundi étant le 4 Novembre.

[2] On remarquera que Navarrete écrit indifféremment *ueste* ou *oeste* pour désigner l'*Ouest*.

[3] 13 Novembre.

[4] 14 Novembre.

[5] 15 Novembre.

(*TRADUCTION.*)

*Relation du voyage que fit Alvaro de Saavedra, de la côte Occidentale de la Nouvelle
Espagne aux Iles de Maluco.* Extraite du livre tenu par Francisco Granada,
écrivain de l'Armada (copie de l'époque, mais défectueuse et d'une mauvaise
écriture, à l'ancienne Bibliothèque de l'Escurial, Cod. in-fol. des Miscelaneas,
2 & 7, fol. 373 à 381 [1]).

Le voyage [2] qu'il fit à la découverte des Epices, depuis la Nouvelle
Espagne jusqu'à l'île de Maluca [3] est le suivant :

Je sortis du port de Zaguatanejo, qui se trouve en Nouvelle Espagne,
dans la province de Zacatala, Jeudi veille de la Toussaint, que l'on
célébra le dernier jour d'Octobre de l'année 1527, avec deux navires
et un brigantin. Ce jour-là je fis dans la direction de l'Ouest-Sud-
Ouest six lieues.

Le lendemain, Vendredi 1er Novembre nous fîmes par ledit vent
huit lieues. Ce jour-là mourut un chirurgien que j'avais à bord et qui
s'appelait Maître François, et nous le jetâmes à la mer.

Samedi matin, 2 Novembre, je fis dix lieues au Sud, parce que le
temps ne nous permit pas d'aller à l'Ouest-Sud-Ouest, par où était
notre chemin.

Dimanche suivant je fis par le Sud-Ouest quatorze lieues.

Lundi suivant, le 5 dudit mois [4], je fis par ledit vent dix-sept
lieues.

Mardi suivant je fis par Ouest-Sud-Ouest vingt-cinq lieues.

Mercredi suivant par ledit vent je fis quatorze lieues.

Jeudi suivant je fis par ledit vent vingt-cinq lieues.

---

[1] *Collection des Voyages et Découvertes que firent par mer les Espagnols depuis
la fin du xve siècle*, mise en ordre et présentée par D. Martin Fernandez de Navarrete... D'ordre du Roi. — Imprimerie Nationale, année 1837.

[2] *Ibid.* Tome V, p. 465.

[3] Voir ci-dessus, note 3, p. 173.

[4] Voir ci-dessus, note 1, p. 174.

Vendredi suivant, y compris la nuit, je fis dix-sept lieues.

Samedi suivant vingt lieues.

Dimanche suivant vingt lieues.

Lundi suivant vingt lieues.

Mardi suivant huit lieues.

Mercredi suivant je fis sept lieues. Ce jour-là on découvrit au navire sur lequel je me trouvais une voie d'eau très importante, sous la soute des provisions de pain qui était en poupe dans les cellules de la poupe, et que je ne pus boucher d'aucune manière; il fallut jeter à la mer une trentaine de quintaux de pain, de la viande et d'autres choses; la voie d'eau était de telle nature que le navire donnait de la bande. Entre la nuit et le jour, il me fallut faire passer trente fois des gens des autres navires sur le mien pour qu'ils aidassent à épuiser l'eau [1].

Le Jeudi suivant je fis à l'Ouest quarante-deux lieues [2].

Le Vendredi suivant, je fis trente-sept lieues. Ce jour-là apparurent un grand nombre de volatiles, d'oiseaux de terre et d'indices de celle-ci [3]...

---

[1] 13 Novembre.

[2] 14 Novembre.

[3] 15 Novembre.

Annexe N° 2.

(Voir ci-dessus, p. 39 [en note; p. 44, note 1, et p. 53, note 1.)]

Carte comparative des routes suivies par Saavedra, Anson et Camacho, d'après les données du Mémoire Défensif Mexicain et du Mémoire de Réplique Français.

La carte ci-contre est un décalque du fond de la carte annexée sous le N° 8 au Document Mexicain N° 28 et des tracés qui y sont inscrits. On y a ajouté les tracés qui résultent des observations formulées au Mémoire de Réplique Français. Voir ci-dessus : pour Saavedra, p. 39 (en note)[1]; pour Anson, p. 44, note 1; pour Camacho, p. 53, note 1.

---

[1] La rectification de la route de Saavedra, effectuée sur la carte ci-contre, d'après le texte de Navarrete (voir ci-dessus, pp. 173-176), a permis seulement d'amorcer la section de 37 lieues parcourue le Vendredi 15 Novembre, c'est-à-dire le jour où parurent les oiseaux et indices de terre (voir ci-dessus, pp. 39 [*Itinéraire de Saavedra*], 47, ligne 1re; 174, dernier alinéa et 176, dernier alinéa). On voit, par ce tracé rectifié, que, comme on l'a dit (p. 48, al. 2), Saavedra avait, dès la fin de la journée du 13 Novembre (distance parcourue : 7 lieues), atteint la longitude de Clipperton, et qu'il l'avait dépassée de 42 lieues vers l'Ouest, dans la journée du 14. Le 15, chaque nœud parcouru l'éloignait encore davantage de l'île. On conçoit bien, dès lors, que le Journal de ce navigateur ne fasse aucune mention d'une terre, pour cette journée du 15. D'aucune façon, d'ailleurs, Saavedra n'aurait pu, le 13 ou le 14, apercevoir Clipperton, puisqu'en latitude il passait à plus de trois degrés au Nord de cette île.

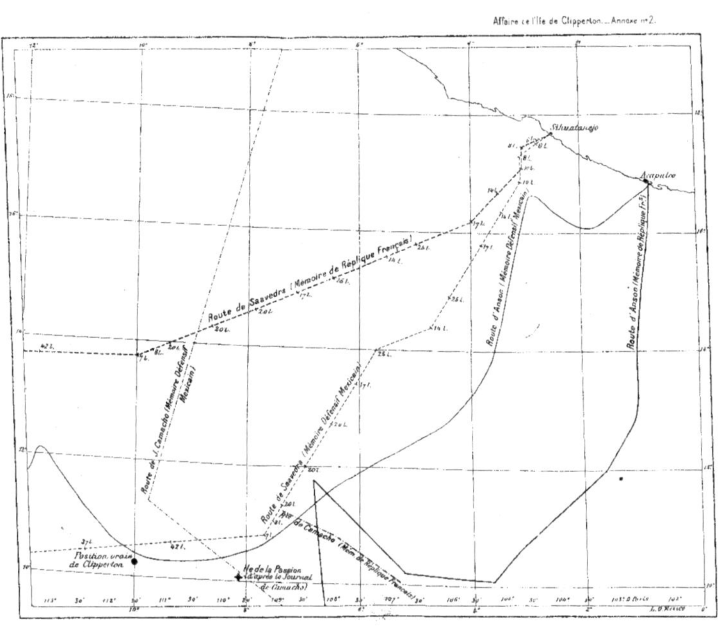
Sihuatanejo
Acapulco
Route de Saavedra (Mémoire de Réplique Français)
Route de J. Camacho (Mémoire Défenseur Mexicain)
Route d'Anson (Mémoire Défenseur Mexicain)
Route d'Anson (Mémoire de Réplique F.)
Route de Saavedra (Mémoire Défenseur Mexicain)
de Camacho (Mém. de Réplique Français)
Position vraie de Clipperton
Île de la Passion (d'après le Journal de Camacho)
L. B. Merian

Suivant les dispositions du Pro Memoria communiqué
le 3o Octobre 1909 par le Ministre des Affaires étrangères
du Royaume d'Italie à l'Ambassadeur de la République
Française à Rome, le Président du Conseil, Ministre des
Affaires Étrangères de la République Française, soussigné,
certifie conformes aux originaux, les Pièces Justificatives
annexées sous les N°s 1 et 2.

Paris, le 12 Janvier 1913.

Signé : R. POINCARÉ.

9 782019 164775